U0677297

后浪

小学堂 007

整理的艺术

[日]小山龙介 著　阿修菌 译

江西人民出版社
Jiangxi People`s Publishing House
全国百佳出版社

① 扫描仪

扫描仪很快就能将纸质文件和名片转化成数码信息，让你可以随身携带大量的资料。

② 资料整理盒

只要将资料放入整理盒，一次就能移动很多资料，整理盒中还能加放文具盒。

③ 笔记本电脑

数据平时与 SugarSync 同步，用任何一台电脑都能继续工作。我要经常外出工作，所以办公室抽屉里常备有充电器，以保证能随时给电脑充电。

④ 报事贴（Post-it）

报事贴可谓是"一物多用"的代名词，可以当做简易记事本，也可以当做 ToDo 管理表或留言条。

⑥ 有降噪功能的耳机

整理思绪时噪音是大敌。即使不听音乐，为了消除噪音有时也要用到。

⑤ 键盘和鼠标

为了统一家里和公司的环境，我用一样的键盘和轨迹球。这样不仅能减少输入错误，也能提高工作效率。

整理术7大法宝！

帮助员工找到灵感的创意办公区内特别设置了小型吧台。一旦遇到一时难以解决的问题，可以到这里喝一杯咖啡放松一下，这也是整理思绪的窍门之一。

⑦ iPhone

除了邮件、网页浏览器、地图及相机的标准功能外，只要下载软件就能不断扩大功能，实现了极致的一机多能。

办公抽屉

第一层根据办公文具的尺寸进行分区管理，第二层摆放能存放饼干等零食的小盒子或透明袋，最下面存放透明文件夹。

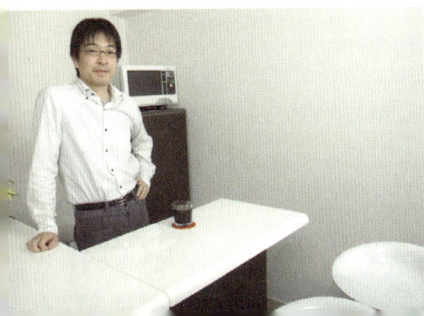

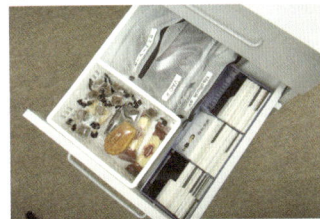

1

用 SugarSync 使电子数据同步

1 ·········· 到 SugarSync 网页注册用户

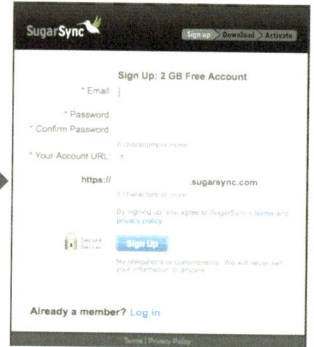

http://www.sugarsync.com/
免费用户有 2GB 的硬盘容量可供使用。

2 ·········· 安装 SugarSync 软件

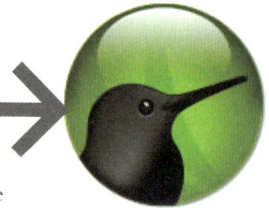

各种版本可与 Windows、Mac、iPhone
等操作系统兼容。

3 ·········· 运行软件，设定同步文件夹

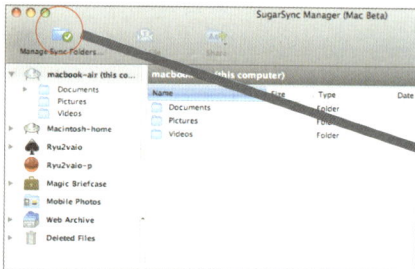

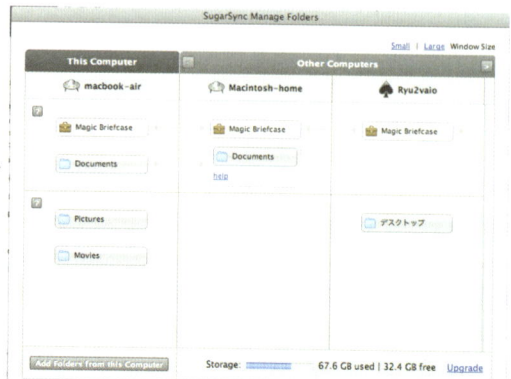

备份哪个文件夹，同步哪个文件夹，全
都可以靠直觉来判断。

所有文件夹都能自动备份到服务器，并与其他电脑实现同步。

2 用 ScanSnap，实现纸质资料的完美同步

4 ········ 将 ScanSnap 扫描文件保存到同步文件夹中

可以将 ScanSnap 扫描文件保存在 Magic Briefcase 等文件夹内，使该文件夹能通过 SugarSync 与其他电脑实现同步。

5 ········ 资料用 ScanSnap 扫描后，可与 SugarSync 设定的电脑自动实现同步

①把资料放入 ScanSnap 后……

②保存到 SugarSync 设定的同步文件夹……

③向各台电脑传送数据

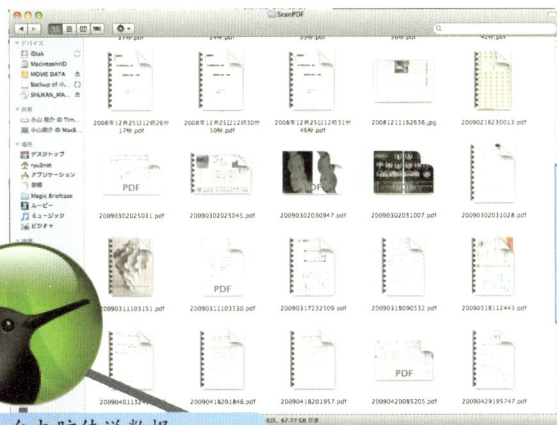

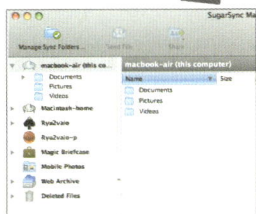

各电脑的文件夹　　　　　　各电脑的文件夹　　　　　　iPhone

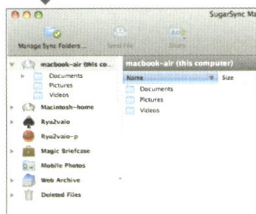

纸质资料与各台电脑同步，也能通过 iPhone 查阅

用 Evernote 实现一元化信息管理

1 ⋯⋯⋯⋯⋯⋯⋯⋯⋯ 到 Evernote 网页注册

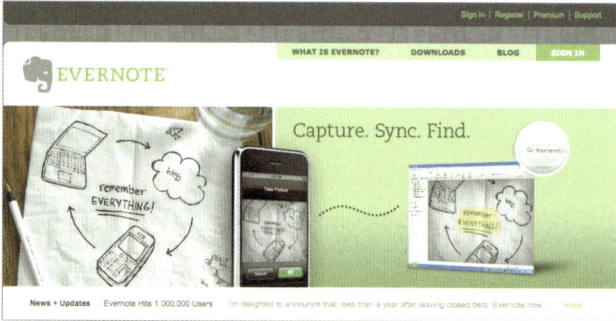

到 http://evernote.com/ 注册

2 ⋯⋯⋯⋯⋯⋯⋯⋯⋯ 将软件安装到电脑、iPhone 上

软件有 Windows 版和 Mac 版的。

iPhone 版的可保存图片和音频文件，非常好用。

3 ⋯⋯⋯⋯⋯⋯⋯ 对所有笔记进行一元化管理，搜索很方便

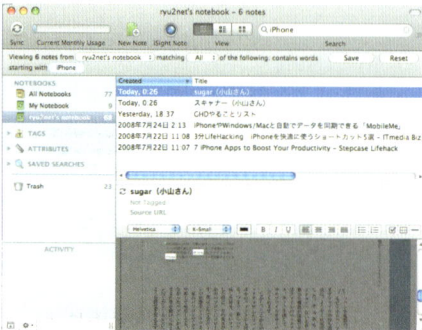

无论什么格式的数据都可以搜索到。

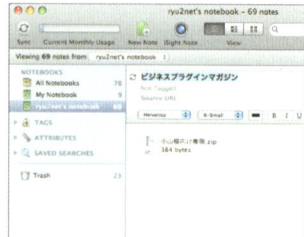

每个月付 5 美元成为会员，就能增加 PDF、图片、音频等数据格式，可对各种文件进行管理。

➡ 对于电子数据，也可实现将数据集中到一处的"一个口袋原则"。

目 录
Contents

第一章　资料整理术　集中数据、分散浏览场所

第二章 环境整理术 统一环境、简化环境

第三章　信息整理术　管理时间轴与空间轴

第四章　生活整理术　将生活常规化，再制造一些惊喜

第五章　思维整理术　分割信息与整合信息

第六章　人际关系整理术　链接人际关系与链接的快捷方式

整理是一种工作流程设计

恐怕这世上没人会认为整理东西是一件愉快的事吧，就像这世上很少有人认为学习是件令人心旷神怡的事。整理东西就是折磨人的苦差事，就是你拼命无视、想放到最后再做的烫手山芋。如果可能的话，相信大家都希望某个品德高尚的人来代替自己下这个地狱吧。

我有一套独门终极生存术，能把这些苦差事变得轻松又好玩。在我的上一本书中，我向大家介绍了终极生存术。有了它，我们就能将大家公认痛苦的学习愉快地进行到底。这个独门秘技的关键是沉迷。因为有趣所以沉迷，因为沉迷所以学有所成，于是就更感兴趣，这就变成了一个良性循环。

这次要跟大家分享的整理术亦然。也许很多人都觉得整理是件没有创造性、枯燥又乏味的工作，但我想告诉大家，整理东西时的思考活动本身就非常具有创造性。

如何保管资料，才能在查找的时候更便捷？如何才能让办公桌井井有条？怎样整理，工作起来才顺畅？这种思考就是所谓的整理流程设计。而能够将一切打理得井井有条的人，就是能设计出漂亮整理流程的人，也可以说是非常优秀的设计师。

本书希望向大家介绍一些好点子，让大家无怨无悔地享受整理过程。同时也想向大家传递一种愉快的信息，思考整理流程是件很好玩的事，我就是怀着这样一种强烈的念头执笔写书的，因为我已经掌握了享受工作的秘诀。

设计整理流程会让工作变得多姿多彩

"这世上没有什么天生就具有创造性的工作，只有能让工作变得有创造性的人，这点很重要"，每当工作走入死胡同，我都会对自己这么说。进入一家广告公司后，我干劲十足地对自己说："我要开始干有创造性的工作了！"但这种意气风发却像流星般稍纵即逝，区区一个职场菜鸟，怎么可能轮到你来做好玩的工作？这世道哪有这么好混？取而代之的现实，是每天埋首于毫无激情的重复劳动。久而久之，想要创造点新东西的热情也渐渐消退。当发觉自己变成那样时，我不禁大吃一惊。

在硅谷工作的时候，我有过这样的体验：即使面对内容相同的工作，用具有创造性的方法来完成才是硅谷的作风，结果工作变得越来越有趣，效果也越来越好。这个良性循环的起点，是"让工作变得有创造性"的努力钻研创意的热情。看看日本的劳动环境，长时间的劳动带走了人们的能量和热情，使我强烈地感受到"长此以往，人将不人"。

整理的过程本身比较单调乏味，也正因为如此，整理的艺术才有许多余地可以下工夫进行改进。从整理资料开始，整理环境、整理信息、整理生活、整理思维，到整理人际关系——如何创造性地完成大家都想留到最后再做的无聊整理工作，针对这个问题，书中各章一一向大家介绍其中的独门秘技。这一切都源于我的一个强烈信念，即"到底要有多少创意，才可以将无聊的整理工作变得妙趣横生"，这种能力与我们工作、生活的创造性和乐趣紧密相关。

高速公路也有高速公路的玩法

为什么不再使用传统的整理方法？其原因在于手机和网络的不断普及。现在信息传播的速度空前快，已经是传统整理思维无法想象的了。仅靠传统的整理方法，我们已经无法招架奔涌而来的信息洪流了。

仔细分类，认真装入文件夹，小心贴上标签，再整齐地摆放到书架上，这种细致的整理方法的确在信息还是涓涓细流的时代发挥了巨大的作用，但在当今信息汹涌的时代，这种做法无疑是不合时宜的。

尽管如此，还是有许多人想花些时间仔细地整理信息，可一做起来便发现太耗时间，根本无从下手，于是便深信自己不适合干整理的活儿，这种人为数不少。现实总是事与愿违。有人喜欢整理，愿意认真细致地整理东西，可一站到信息高速公路上，面对信息的湍流却无所适从，不知该从何处开始着手。

传统意义上喜欢整理的人，到了这个时代可能会觉得生不逢时。我们为何不试试转换思路呢？要相信高速公路必然也有高速公路的玩法。我特别希望大家能转换思路，然后体会一切不断变得井井有条、整洁明快的感觉。在现今这个时代，只有转换思路，大家才能享受到整理的乐趣。

传统的整理术，未来的创新

执笔写作本书的期间发生了美国次贷危机，全球都笼罩在不景气的阴霾之中，丰田、索尼、松下等具有代表性的日本大制造商无一例外都出现了巨额亏损。这个动向，在我来看其实也是个整理洗牌的过程。

日本今后会变成什么样？会向什么方向发展？要看清这一切，我觉得有必要再梳理一次现在的成功模式。经营方式也应该重新整理，使之能适应新时代的特点。

这不仅限于企业，对个人而言亦然。在这个转型的时代，传统的职业生涯成功模式可能再也行不通了。有人放眼望去，感觉没有未来，没有出路。有人即使跳槽可能也无法改变，反而越来越贫穷。面对这种状况，我们该如何生存？在这个日新月异、令人眼花缭乱的时代，我们不能再墨守成规，应该靠自己来发明、发现并构筑新的成功模式。我想这种设计家的能力对每个人都是十分重要的。

一言以蔽之，这种能力就是创新能力。本书讨论的是流程设计，也就是对流程的创新。

书中所讲的整理术不仅是对旧方法的改善与改进，更是一种思维的转变，一种创新。

时至今日，这种创新已成为日本乃至全世界直面困难、渡过难关的制胜法宝。从个人层面创造出新的独门秘诀，对生活黑客（Life Hacker）而言也尤为重要。如果各位在阅读本书后，开始大刀阔斧地革新、改造工作流程，本人将感到莫大的荣幸。

小山龙介

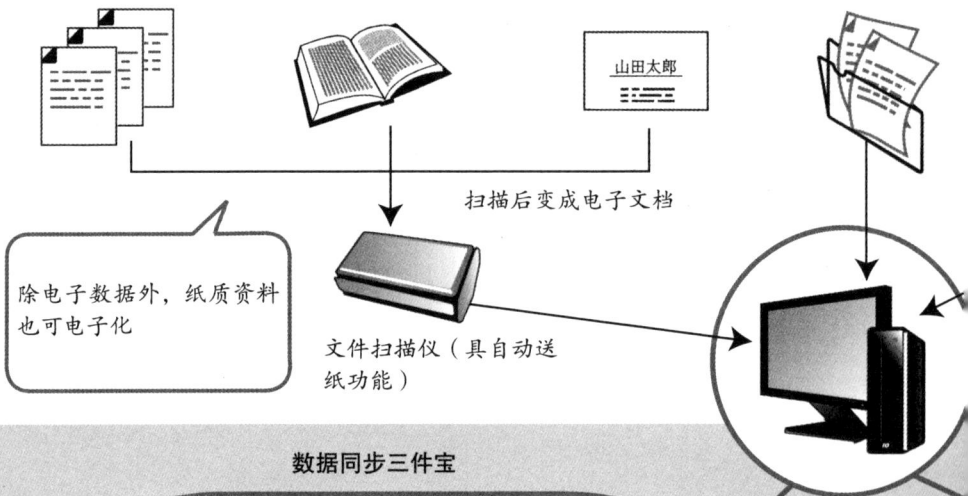

图解小山龙介式"无障碍办公"绝招

办公室 / 家里

纸质资料　　书籍　　名片　　电子数据

山田太郎

扫描后变成电子文档

除电子数据外，纸质资料也可电子化

文件扫描仪（具自动送纸功能）

数据同步三件宝

用 SugarSync 实现文件同步

可以在任何地方通过服务器来读取电子数据

用 Evernote 实现笔记同步　　实现邮件、通讯录和 ToDo 列表同步

实现数据与办公环境的同步和统一，减少操作时的心理压力

iPhone 等手机

随时随地都可以查看信息，让自己安心地集中精力工作

办公室外

笔记本电脑

12

数据上传尽量自动化，减少手工操作

Eye-Fi

照片数据

数码相机

无线路由器

信息共享三件宝

用群发邮件名单和微博共享数据，相互交流

统一环境两件宝

Xmarks

用 Xmarks 统一浏览器设置

用 DSS 阅读器统一信息收集环境

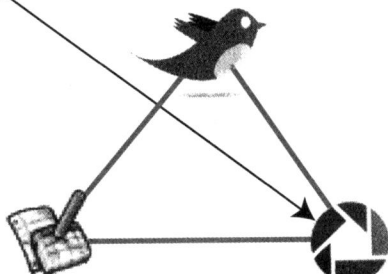

用网盘共享文件

用 Picasa 共享图片

除了信息共享，还应与同事交流，这样才能提高团队凝聚力

团队成员

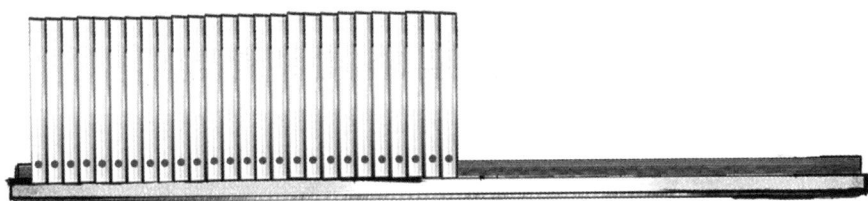

第一章 资料整理术
集中数据、分散浏览场所

整理术 01
打印的纸质资料要毫不留情地废弃

即使电脑普及程度如此之高，办公室内的纸质资料仍然堆积如山。无论现代科技怎样发达，办公环境依旧得不到改善。急需的资料，纵使"寻它千百度"，也迟迟不愿现身，相信大家都有过如此尴尬的经历，其实我也曾经像大家一样窘迫。

但我最终找到了扭转战局的制胜法宝，可以将这些久攻不下的资料整理问题迅速歼灭，一网打尽。我的这些制胜法宝就是接下来要和大家分享的一系列资料整理术。只要充分利用这些制胜法宝，就一定能瞬间秒杀那些困扰大家多年的麻烦事。

解决问题需要遵循几个步骤，现在让我们来逐一了解。首先就是**"打印的纸质资料要毫不留情地废弃"**。既然是打印的纸质资料，电脑中就必然保留着原始的电子文件。同时保留电子版和纸质版，毫无疑问是莫大的浪费，所以开会打印的资料在会议结束后就应该迅速处理掉。

我听说，某企业在董事会结束后便将所有会上分发的资料统统废弃。该公司的理由是，打印的纸质资料其作用仅限于帮助董事们在董事会上作出经营决策，既然决策完毕，会议结束，一切尘埃落定，那这些资料就没有存在的意义了。对此我深表赞同，过期的资料根本没有必要再耗费精力去保存。

但习惯是一种非常可怕的东西，人们总是会惯性地将分发的资料保存下来。这种行为并非基于理性的行为，而是单纯地基于一种习惯："因为我以前都是这么做的"。**要改变这种习惯，就要改变自己的思维方式，将"既然电脑中已保存有电子文件，再保存纸质资料就是一种浪费"这种认识实实在在地刻进自己的脑子。**因此，在资料架汗牛充栋之前，大家要毫不犹豫地将打印的纸质资料扔掉。

不过也有例外，有些打印的纸质资料确实是需要保存的，这需要我们参考电子文件判断纸质资料的去留。

与电脑画面相比，纸质资料阅读起来的确有不可比拟的优势。阅读纸质资料既不需要打开电脑，视野也更开阔。商品数据及价格表之类的资料，有时需要多次确认，有时需要立即参考，这时若是备有纸质资料就手到擒来了，非常便利。

但这种情况只是例外，我们原则上还是应当毫不动摇地坚持**"及时废弃打印的纸质资料"**，这样才能改善办公环境。

用电子邮件共享、保管会议资料

尽管如此，手头只有纸质资料时，如果你也不假思索地扔掉，一点都不保存，以后还要用的时候，可能就会很麻烦。解决办法很简单，**只要你拜托一下同事"我想共享会议资料，能不能把电子版的用邮件发给我？"，就可以了。**

现代人已经越来越习惯用电子邮件共享信息和资料了，所以你完全可以拜托别人不要提供纸质资料，而是把电子版发给你。这样做一点都不失礼，**而且收到的电子文件不仅便于保存，还能立刻转发给其他人共享，简直是一石二鸟，非常便利。**

以前可能有人担心自己的文件被篡改或盗用，因此不太愿意提供电子文件，现在只要用 PDF 格式发送就没有这种后顾之忧了。如果你担心机密事项会泄露出去，再给文件加个密码就万无一失了。

而且，如果我们大家都用电子邮件互发资料，发送记录就能作为邮件自动保存起来，我们就很清楚邮件是何时发给谁，或何时由谁发来的。这些留档的邮件都是非常重要的证据，能证明自己与别人的交流过程。

此外，用电子邮件附件的方式互发资料，还可以**将电子邮箱直接变成文件资料数据库**。这种数据库非常便利。

● **用电子邮箱管理文件的优点**

① 可以按时间顺序对邮件进行严格管理

一般来说，我们每保存一次文件，其最后修改日期都会被更新，以后就看不出修改记录了。但如果是电子邮件的话，邮件的收件日期是不可更改的，因此所有文件都能严格地按照时间顺序排列。

② 可以用发件人进行搜索

我们可以在邮箱中用发件人来搜索文件。即使文件名相同，我们仍然可以通过不同的发件人进行区分。事实上，我们收到的很多资料，文件名都大同小异，即使以前下载过，许多时候也需要我们再次搜索邮件进行确认。

③ 参考邮件内容可以回忆起当时的状况

查看邮件内容，我们就可以获得一些与文件相关的信息，诸如"已修改……""已添加……"等，这样我们就能清楚地把握这个文件的状态了。这也是一种非常强大的优势，如果将文件保存到电脑中，脱离了当时交流的语境后，再了解这些文件的相关信息就相当劳神费力了。

整理术 03

文件按"项目名 + 文件名 + 制作日期"的格式来命名

如果关键词不对，很难找到想要的文件。这种情况也是常有的。要避免这种情况的发生，有必要了解一些更细致琐碎的管理方法。

首先是**文件的命名**，最好是按"项目名 + 文件名 + 制作日期"的格式来命名。这样，我们不仅**可以用项目名、文件名和制作日期来搜索文件**，还能在文件夹内进行管理，**按文件名重新排列文件后，所有文件就会按更新日期排列了。**

还可以**统一日期的格式**。我一般习惯用斜线（／）来区分年月日，如"2009/3/4（周三）"。如此一来，我们就能按文件更新日期更好地进行搜索了。

以前我表达日期有时用"3/4（周三）"，有时又用"3月4日（周三）"，没有一个统一的标准。到了需要查找的时候，就得输入两种不同的关键词，这样搜索一个文件就需要花费两倍的时间。如果你也想避免这种重复劳动，建议最好统一日期的格式。如果对方发邮件时用"3月4日（周三）"表示日期，你可以在回信时将日期改为"3/4（周三）"，这样就能严格遵守统一的日期表达规则了。

尤其在开会前确认会议内容时，你会发现这种方法特别管用。输入会议日期"3/4（周三）"进行搜索，立刻就能找到这封邮件。对于很久以前的会议预约，大家都很容易在开会的前一秒忽然失忆："这次会议要谈什么来着"，这时候就需要很快找出相关邮件进行参考，立刻回忆起相关信息。这在实际工作中是很重要的。

除此之外还有一个办法，虽然不太容易完美地施行，但非常有用。这个办法就是**将对方的姓名用全名表示**。世界上有很多铃木先生，但要找到姓和名完全一致的人则比较难。在邮件的正文中**写上对方的全名，要搜索时就更容易搜到**。

只是很少有人能完美地施行这种办法。如果你和对方关系比较亲密，用全名称呼对方就会显得特别见外，可能会让人不舒服。所以这个办法与其分毫不差地施行下去，不如在平时多加留意，可以的话还是尽量使用比较好。

无论如何，写邮件时应该多为以后搜索方便着想，一旦养成了这样的好习惯，以后需要搜索邮件时就事半功倍了。因此，大家一定要确立一个适合自己的邮件编写规则。

东洋经济新报社
山田太郎先生　↖ 如果对方的姓氏比较常见，最好写上全名，方便以后搜索。

平素承蒙您的关照。
关于会议的事情，按照以下日程进行，不知您意下如何？
时间：3/4（周三）　19:30—20:30　↖ 时间的表达要按照自己制定的规则。
地点：东洋经济新报社

此外，会议要用的资料请见附件。
请您多多指教。

小山龙介

附件：整理术推广计划 20090227.ppt
↖ 文件也要按照自己的规则来命名。

整理术 04

用扫描仪将纸质文件变为电子文件

前面介绍过一种整理术，即"扔掉"打印的纸质资料。其实除了打印资料，**非电子文件的纸质资料和手写记录，我也坚决地扔掉，毫不手软。**正因如此，我的办公桌抽屉几乎全部清空了。

之所以能这么洒脱，原因其实很简单。因为**我把所有资料都用扫描仪扫描成电子版，存进了电脑。**以后只要有需要，就能随时从电脑的文件夹中找到它们。

最近市面上的扫描仪尺寸越来越精巧，即使放在办公桌上也不会占用多大空间。我现在使用的扫描仪是富士通的 ScanSnap S1500。只要按下一个按钮，就会自动送纸，将文件扫描为 PDF 文档，还能自动存放到指定的文件夹中。我在公司和家里的办公桌上都放了一台这种扫描仪。

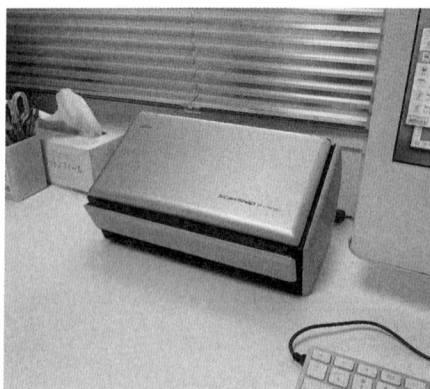

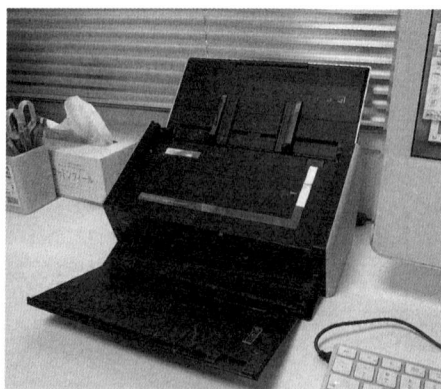

具有自动送纸功能的扫描仪。平时收起来放在办公桌上，不会占据过多的空间。

ScanSnap 自带文字识别功能，可以识别资料上的文字，并以附带文本的 PDF 文档格式保存下来。这样，以后就可以用资料内的关键字进行搜索，还**可以很快建构一个资料数据库，这比从资料夹中费力寻找纸质资料更有效率。**

这款扫描仪能自动识别文字，生成文本文件，这比纸质资料更方便查找和使用。

扫描仪的自动送纸功能十分重要。如果使用平板扫描仪，就不得不靠人力把资料一张一张地放上去扫描。而 ScanSnap 这类扫描仪则能够自动送纸扫描多张资料，ScanSnap S1500 最多能自动扫描 50 张资料。

有了这种工具，我们就能轻松地扫描文件了。神田敏晶先生在博客中写道，他非常希望扫描仪能再附带碎纸机功能。对于这点，我深表赞同。资料扫描完毕后立刻自动处理掉，这简直就是**"为了扔掉资料而存在的扫描仪"**。

接下来才是最重要的问题。养成这种习惯后，**我们再也无须为这些资料是否应该扫描而抓耳挠腮**，总之有了资料就扫描，扫描完毕就扔掉。扫描又不费什么时间，我们也可以将这一做法变成规矩固定下来。

手上的纸质资料是否还要使用，不到需要的时候很难判断。有些我们认为不再需要的资料，某时某日可能忽然派上用场。但在资料去留这一问题上，一般都是靠当时的判断来决定的，因此这是个难度系数极高的技术活。

尽管如此，一旦我们定下规矩，凡是资料都无一例外地扫描存档，就可以省下因犹豫不决、摇摆不定而白白浪费掉的时间。并且，最重要的是**我们再也不需要牺牲脑细胞来作判断了。**

无须判断也就意味着谁都能够轻松胜任。我想现在应该有不少人已经拥有或者很快将拥有部下可供调遣了，这种事情你就可以放心地交给他们去做。[1]

"这个，按老规矩处理。"只要你简单的一句话，资料就会迅速变成电子文件存入电脑了。

---

[1] 所谓"自动化"就是将许多事情变成无需判断即可完成的工作。在这个复杂多变的社会，有许多事情需要我们判断。要将更多资源和精力集中到需要判断的事情上，我们就需要将一些不太重要的工作"自动化"。

整理术 05

扫描书籍，制作电子书架

　　只要充分挖掘扫描仪的潜能，就能**实现书籍的电子化存储**。购买了前面提到的扫描仪后，你需要再买一个裁纸机。用裁纸机切掉书脊，将书本分成一页一页的，再像扫描资料一样扫描就可以了。扫描仪的自动送纸功能一口气就能扫描完一整本书。

　　我自己也尝试了一下，确实很方便。一直以来我都是用书架来存放书籍的，真正常看的书只是寥寥数本。其实很多书籍与那些"也许总有一天会派上用场"的资料没有任何区别，明明不怎么常看却摆放了那么多书在架子上，无疑是对空间的浪费。但大家总觉得也许有一天能用得上，所以

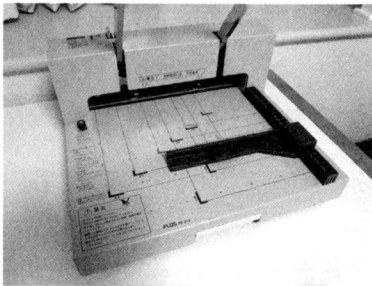

裁纸机的缺点是会占用很多空间，但考虑到扔掉书籍后能省下不少空间，它也算是节省空间的好工具了。

在日本亚马逊网站的 ScanSnap 页面上，我们能在推荐商品一栏看到各种台式裁纸机，可见很多人都喜欢用扫描仪制作电子书。

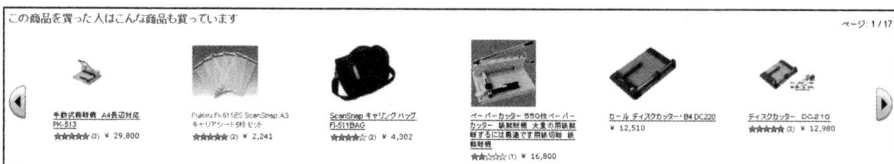

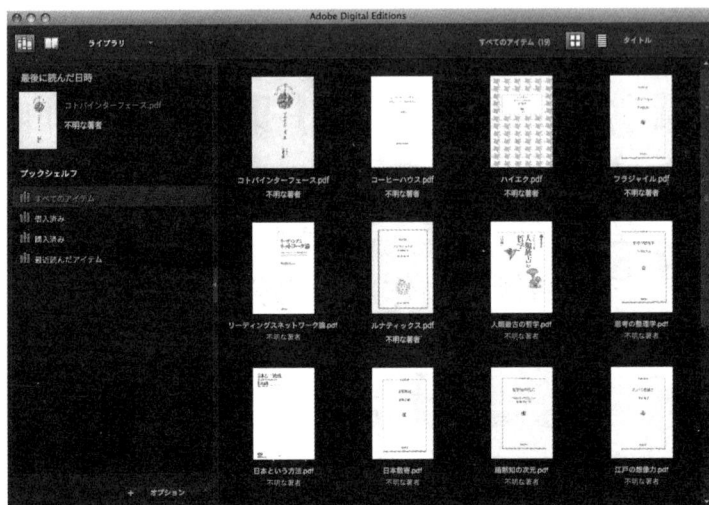

有效管理电子书的应用软件 Adobe Digital Editions，可以从网上免费下载。

扔书的时候总会有些犹豫不决。扫描使我们无须纠结于取舍去留就保存所有书籍，的确非常便利。

通过这种方法，我把那些因书架空间不足而不得不忍痛割舍的书籍都保存进了电脑，家里的书架也成功减负不少。

自制电子书更强大的功能是搜索。由于扫描仪可以识别文字，电子书全都附带文本文件，因此**可以进行全文搜索**。打开 PDF 文档，输入关键词，就能完整地搜索到相关的内容。如果你以后想引用一些内容到计划书中，或是细细品味书中非常中意的段落，搜索起来都非常方便。

由于附带文本文件，**我们也可以复制书里的文本内容**。这样一来，引用原文时就再也不用一边看书，一边打字了。这种方法能节省很多时间，也有助于我们制作读书笔记。

这种 PDF 文件，我们还可以**用 Adobe 免费提供的软件 Adobe Digital Editions 进行管理**。这个软件里的文件排列很有书架风格，还能提示你最近看了哪些书，将图书管理变得轻松简单。

如果有些书一定要用纸质书籍的形式保存下来，那么建议你再买一本进行扫描。同时保存电子版和纸质书籍也不失为一种好办法。

　　这样，一种新的整理方法便横空出世了，这是仅靠保存纸质书籍无法做到的。作为一个生活黑客，相信这时你一定会有一种无可比拟的成就感[1]。

---

[1] 生活黑客的绝招之一是"拒绝犹豫，行动第一"。就像这个扫描书籍的办法，很多时候你实际操作之后会发现许多东西与最初设想不同，但同样很有价值，同样是好办法。这种偶然发现一些意外惊喜的能力叫做"意外发现能力"（serendipity），对生活黑客而言是必须掌握的技能。

整理术 06

用 SugarSync 实现"无障碍办公"

接下来进一步深入资料整理术的核心技巧。之前讲了通过将资料电子化，我们可以轻松管理资料，不用再为选择资料的保管场所而苦恼。其实我们还可以将这些电子文件存放到网络的"另一端"，将文件整理技巧推向一个新的高度，**掀起文件管理的革命**。

具体操作是将平常保存在某台电脑上的数据设定为自动存入服务器。如此一来，我们就可以在任何地方进入服务器读取数据了。通过这个办法，办公环境就不再受空间的限制，就能实现终极"无障碍办公"了。

完成这一操作需要使用网络服务软件 SugarSync [1]。只要将软件安装到电脑上，然后指定上传文件夹，最新的数据就能自动备份到服务器中。由于数据备份是自动进行，无须人工上传，因此可以省下不少脑细胞。

无须刻意操作，这一点非常重要。即使电脑发生故障，文件丢失，我们也可以恢复最新的数据。

此外，我们还能实现多台电脑之间的文件夹同步。建议大家让"我的文档"和"桌面"同步，这样当我们把在某台电脑上做到一半的工作转移到另一台电脑上时，只要连接网络，就能实现文件同步。**无须刻意更新文件，就能在不同电脑间进行连续操作**。我自己就同时在用 4 台电脑，实现主要文件夹的同步后，再也不用为数据更新而烦心了。

---

[1] http://www.sugarsync.com/。这一服务在野口悠纪雄教授的《超"超级"整理法》中也有提到，我认为将会大大改变今后的电脑使用方法。

SugarSync 帮你实现"无障碍办公"，可以不费吹灰之力实现文件在多台电脑及 iPhone
之间的同步。

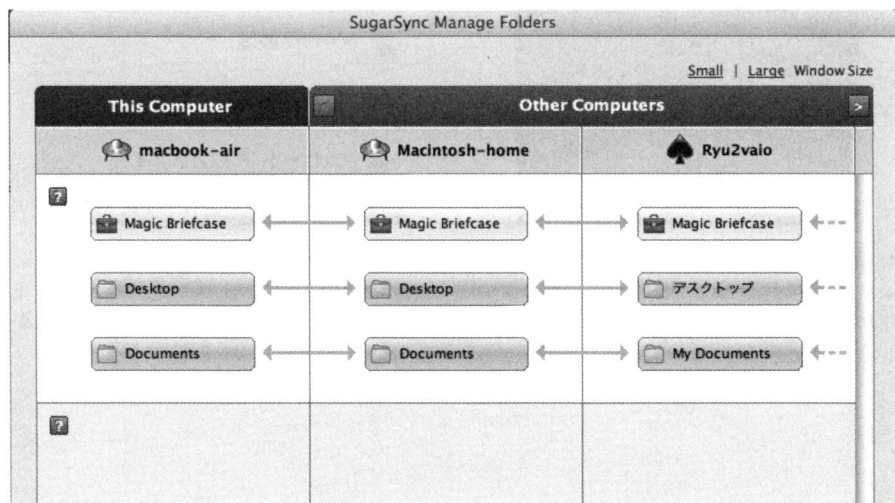

只要指定文件夹，服务器上的备份数据就会自动更新，而且实现多台电脑之间的文件夹
同步。

　　而且如果你用 iPhone，就可以免费安装 iPhone 专用的应用程序，进入
服务器读取数据。iPhone 也支持 Excel、PowerPoint 文档，**当你想"确认保
存在家中电脑上的资料"时，用手中的 iPhone 就能立刻做到。**

　　当你用 iPhone 给大家演示文档时，相信大家都会大吃一惊。iPhone 就有这种魔法般的强大功能，使你可以打开存在自家电脑文件夹里的演示文件。轻松将数据从家里的电脑调到手中的 iPhone 上，绝对会让你有种**穿越时空的感觉**。

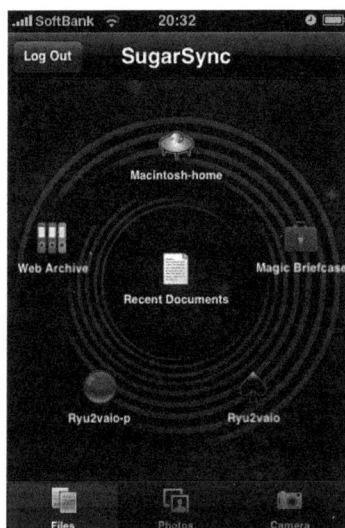

打开 iPhone 的 SugarSync，屏幕上将显示所有同步的电脑。选择你想查找的文件所在的电脑，就能在手机上打开家中电脑里的文件夹了。

打开文件夹后，绝对会让你有操作家里的电脑的感觉。但实际上你进入的不是家里的电脑，而是备份在 SugarSync 中的最新数据。

整理术 07

随身携带纸质资料，实现终极"无障碍办公"

　　SugarSync 的功能真的非常强大！不仅在我制作企划书这类商业资料时，在撰写本书时也给我提供了不少帮助。无论我在哪台电脑上写作，只要将文件放入同步文件夹，就能在所有电脑中打开最新数据。不仅可以避免"现在手头没有最新资料！"的尴尬，本书的写作也空前地顺畅。一不小心打开旧文件进行操作，或是无意之中还原成了旧数据，**这类"返祖现象"今后再也不会重演了**。

　　至此，我们离终极"无障碍办公"就只有一步之遥了。这最后的关键一步是将前面介绍的保存扫描文件的文件夹与其他电脑同步。极其简单，仅此而已。如此设定之后，**扫描的文件也能跟其他文件一样，在所有电脑上实现自动同步与数据更新**。

　　这样一来，不仅是电子文件，连纸质资料我们也可以随身携带，最终实现终极"无障碍办公"。

　　以前资料都保存在办公室的物理空间内，不去公司，工作就无法开展。而现在通过 SugarSync 和资料扫描系统，只要是有网络连接的地方，就都可以开展工作[1]。

---

[1] 这个办法也可用于名片管理，详情请参考整理术 79 "收到的名片要立刻扫描，以方便阅览"。

传统办公方式

纸质资料存放于资料架，使办公场所被局限在办公室的物理空间内。

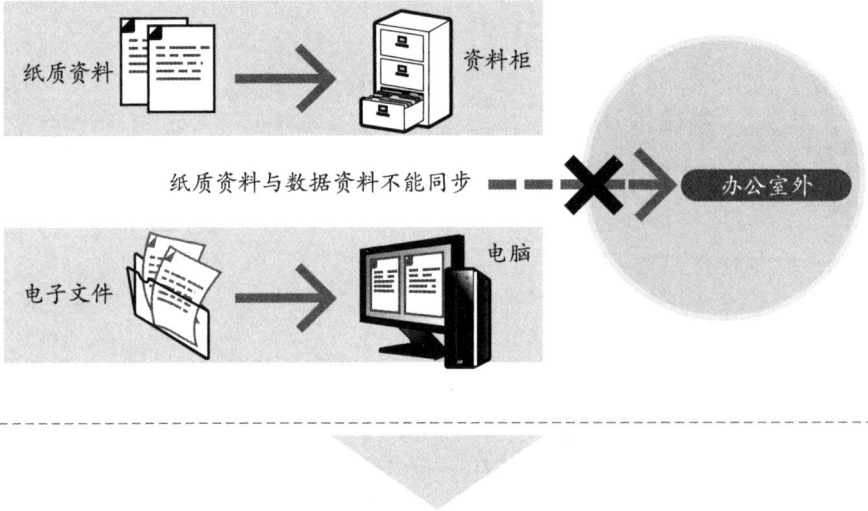

纸质资料 → 资料柜

纸质资料与数据资料不能同步 ⤬→ 办公室外

电子文件 → 电脑

终极"无障碍办公"

纸质资料也能不受物理因素限制，与其他电脑或 iPhone 实现同步。

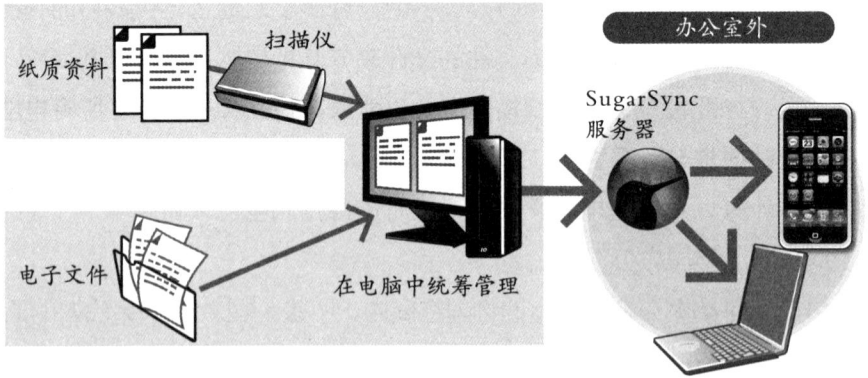

纸质资料 扫描仪

电子文件 在电脑中统筹管理

SugarSync 服务器

办公室外

这样，**上班就不用非去公司办公室不可了**。家里、咖啡馆、图书馆，无论在哪里我们都能顺利办公，我们也就不必再忍受公交车拥堵之苦，也无须窝在环境差强人意的办公室里工作。

游牧式工作模式

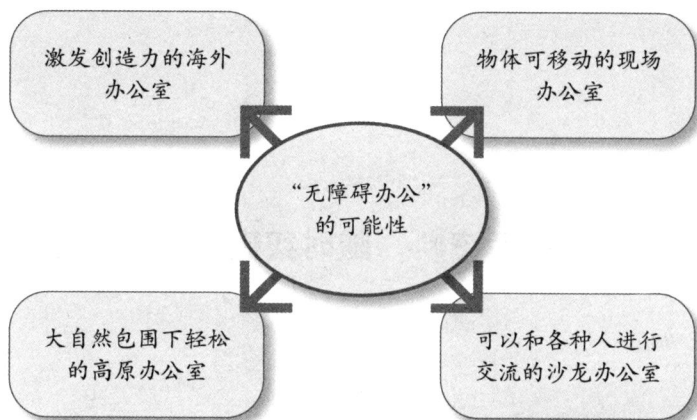

激发创造力的海外
办公室

物体可移动的现场
办公室

"无障碍办公"
的可能性

大自然包围下轻松
的高原办公室

可以和各种人进行
交流的沙龙办公室

临近现场的地方、接受刺激的场所、可以放松的空间，你可以随意
选择办公地点。这种"无障碍办公"也许是提高工作效率的关键。

　　将这个办法用于工作小组，就能根据当天的心情决定去哪里工作，成
为"移动型工作小组"，**实现游牧式工作模式。**

整理术 08

充实参考资料，随时实现工作效率最大化

SugarSync 的文件夹同步功能实在非常强大，让我们可以轻松管理多台电脑的共享数据。企划书之类需要经常更新的文件肯定要用它来管理，而需要经常查看的"参考资料"（Reference File）一类文件也可以用SugarSync 的同步文件夹进行管理。

这里说的参考资料包括使用频繁的信息、图片资料、企划书模板等。

比如，公司的商品数据、市场数据、公司简介文件、公司标志、Word或 PowerPoint 模板等都可以归类为参考资料。如果我们对这类文件进行统一归类管理，需要时能立刻读取参考，工作起来就能事半功倍。

除此之外，当上司或客户要求你马上做出企划书时，立刻从参考资料

名前 ▲	サイズ	種類	更新日時
bpロゴ		ファイル フォルダ	2009/02/08 23:01
papyrusロゴ		ファイル フォルダ	2009/02/08 23:01
synapseロゴ		ファイル フォルダ	2009/02/08 23:01
タレントスクールロゴ		ファイル フォルダ	2008/12/09 0:59
歌舞伎検定ロゴ		ファイル フォルダ	2008/12/09 0:59
歌舞伎美人ロゴ		ファイル フォルダ	2008/12/09 1:36
個人写真		ファイル フォルダ	2009/02/15 21:13
松竹ロゴ		ファイル フォルダ	2008/12/08 8:14
松竹芸能ロゴ		ファイル フォルダ	2009/02/15 15:39
著書画像		ファイル フォルダ	2008/12/28 15:53

公司标志、图像资料可以按项目分类整理，以后需要时就可以准确而快速地提取了。

中找出企划书模板，填入调查到的信息，就能很快完成工作。这是参考过去经验完成工作的一个好例子，**参考资料从这个意义上说也是工作智慧与经验的结晶。**

虽然有些跑题，但如果你去商学院学习商业知识，你就会发现这类参考资料特别多。有加入了战略性框架的 PowerPoint，还有设定了资金计算公式的 Excel 表。学校就是参考资料的宝库。通过看书或去商学院学习，**我们可以获取各种各样方便实用的参考资料。有了这些资料，就能大大缩短工作时间。**

但环顾四周，我们发现仍然有许多人不会利用过去的"财富"。很多人不会用过去的文件制作参考资料，更不会经常利用它们来提高工作效率，实在是莫大的浪费。更何况现在我们有了 SugarSync 这种同步文件夹，**将参考资料整理汇总，设定为多台电脑共享，就可以随时随地实现最高效的办公了。**

参考资料是前人智慧与经验的结晶，整理参考资料其实就是盘点前人的智慧与经验。盘点后我们能发现不足之处，也能通过文件夹清楚地看到"需要补充经营战略的参考资料"或"希望增加市场营销的参考资料"的需求，这些资料会为你的职业计划提供帮助。因此，**参考资料是可随身携带的技能，对职业生涯的设计而言也是不可或缺的人力财富**[1]。

我的文件夹中保存着下列文件。

① **研讨会、演讲会资料**

这个文件夹里是研讨会和演讲会的资料。为了让听众们不打瞌睡，我在发言时总会穿插一些体验型研习会（workshop）的内容。发言后我会将发言时用到的所有体验型研习会的话题整理到这个文件夹中，这样即使我被要求立刻做演讲，也能手到擒来，应付自如。

---

[1] 今后雇佣体制将不断变化，可以预计将来的人才流动性会大幅提高。要在流动的环境中求得生存，掌握随身携带信息的技能尤为重要。为受雇于企业而生的能力被称作"受雇就业能力"（employability），参考资料可以说是受雇就业能力的可视化表征。

名前 ▲	サイズ	種類	更新日時
📁参考資料		ファイル フォルダ	2009/02/15 21:26
CP移管資料サンプル.ppt	723 KB	Microsoft PowerPoi…	2008/09/25 10:34
CP移管提案書サンプル.ppt	589 KB	Microsoft PowerPoi…	2008/09/12 19:53
イメージ調査-見積.xls	115 KB	Microsoft Excel Wo…	2008/02/21 19:18
イメージ調査-グラフ.xls	1,432 KB	Microsoft Excel Wo…	2008/03/12 22:43
イメージ調査-コレポン.xls	211 KB	Microsoft Excel Wo…	2008/03/07 11:56
イメージ調査-集計表.xls	767 KB	Microsoft Excel Wo…	2008/03/04 19:43
イメージ調査-調査票.xls	74 KB	Microsoft Excel Wo…	2008/03/17 9:45
イメージ評価調査-報告書.ppt	3,245 KB	Microsoft PowerPoi…	2008/03/13 14:54
クリエイティブワークショップ.ppt	2,815 KB	Microsoft PowerPoi…	2009/02/15 21:23
コーチングフレームワーク資料.ppt	90 KB	Microsoft PowerPoi…	2008/04/14 15:11
経営計画.xls	287 KB	Microsoft Excel Wo…	2009/02/15 21:32
研修スケジュール.ppt	35 KB	Microsoft PowerPoi…	2007/12/21 11:07
思考スタイルチェック～クリエイテ…	105 KB	Microsoft PowerPoi…	2009/02/15 21:20
思考スタイルチェック～解説.ppt	212 KB	Microsoft PowerPoi…	2009/02/15 21:20
思考整理ワーク.ppt	101 KB	Microsoft PowerPoi…	2009/02/15 21:22
企業ビジョン.ppt	16 KB	Microsoft PowerPoi…	2007/02/18 14:56
新商品ワークショップ.ppt	102 KB	Microsoft PowerPoi…	2009/02/15 21:24
人事研修案.ppt	3,761 KB	Microsoft PowerPoi…	2007/11/26 21:52
人事評価表.ppt	60 KB	Microsoft PowerPoi…	2007/08/01 17:17
創造思考ワーク.ppt	141 KB	Microsoft PowerPoi…	2009/02/15 21:21
部署紹介フォーマット.ppt	69 KB	Microsoft PowerPoi…	2008/03/10 14:12
年次予算.xls	263 KB	Microsoft Excel Wo…	2009/02/15 21:39

随着新项目的增多，参考资料也不断增加。例如在做艺人印象调查时，收到的印象调查表、统计表，以及调查结果报告。这个文件就不再是单个的资料，而是非常宝贵的经验结晶了，可以活用在许多其他领域。

② 市场营销、经营企划资料

这里不仅有 4P、3C [1] 这类基本框架，还有企划书的开篇资料等，各种方便实用的资料都汇集于此。此外还有我自己制作的资料和扫描的一些杂志插图。

③ 公司标志、产品照片、个人简介

这里保管了制作企划书需要的资料。更新数据时，如果注意对参考资料进行同步管理，就可以避免不能及时更新的后顾之忧了。由于杂志采访

---

[1] 4P：Product(产品)、Price(价格)、Place(地点，即分销或渠道) 和 Promotion(促销)。3C：指网络营销的三种不同类型的网站——内容型 (Content) 网站、社区型 (Community) 网站、电子商务 (Commerce) 型网站。——编者注

等以作者身份进行的活动日益增多，我将自己的最新个人简介和照片都放在这里管理。

④ **安装文件**

这里放的是安装电脑系统时使用的文件，包括 ID、密码，以及基本应用程序的安装文件。只要有了这些文件，无论哪台电脑都能按照个人喜好进行设定。

整理术 09

只要是文件就全部放入 Magic Briefcase

在习惯使用 SugarSync 后，我又找到了一个新的靠直觉来整理的方法，就是无须判断，"只要是文件就全部放入 Magic Briefcase"。Magic Briefcase 是由 SugarSync 自动生成的文件夹，有了这个神奇的文件夹，电脑只要安装了 SugarSync，所有内容都能实现同步。

以我为例，我在制作某个文件时，一般习惯把文件放在桌面进行操作。

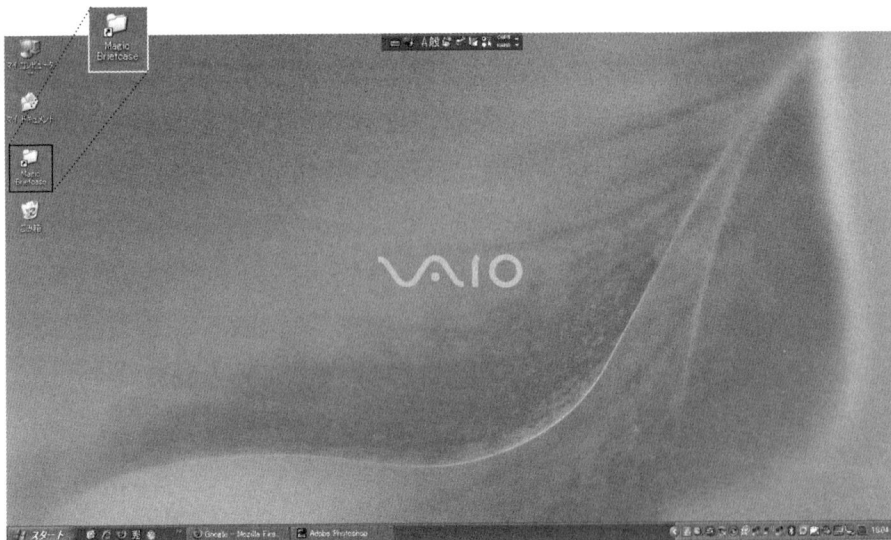

把有用的文件放进 Magic Briefcase，电脑桌面就能保持干净整洁了。由于这一操作无须判断，所以桌面整理也能顺利进行。

但不知不觉中你就会发现自己的桌面放满了文件，想找个文件都要花不少时间。而当你想好好整理一下桌面的文件时，你又很可能在无意间把有用的文件给删除了，因此不得不费脑子去记忆哪些文件是重要的，哪些不能删，这就给自己添了很多麻烦。

有时即便桌面上文件太多，也不得不腾出地方来给新文件。这时只要你一咬牙，把所有文件都放进 Magic Briefcase 文件夹，瞬间就能将桌面收拾干净。这个办法非常好用，**"无须思考，只管往里放"，省去了判断的过程，操作起来轻松又便捷**。只要工作完毕，就放心大胆地将文件往里扔。久而久之，桌面的多余文件就会消失不见，桌面就整洁如新了。

这种空白状态是工作的最理想状态。没有与工作毫无关系的信息在眼前飞来飞去，就能集中精力投入现在的工作，实际的办公桌桌面也一样。如果电脑桌面一直保持整洁，我们就能全身心投入目前的工作了。

但只要是个文件就往里放，有人会担心 Magic Briefcase 里会不会太混乱了。当然这些文件我们也应该适时整理，不过这个工作等有时间再做也不晚。**最重要的是，将文件放入这个同步文件夹，我们就能放心地随时随地读取文件了。**

整理术 10

在目的地或便利店打印必要的资料

想去咖啡馆或图书馆工作，实现"无障碍办公"，还有最后一个问题，就是打印资料。如果为了打印资料不得不回办公室，那么好不容易快要实现的"无障碍办公"就前功尽弃了。

以前我都随身携带小型打印机外出办公，但无论机器有多小，还是比较重。所以不得不装进拉杆箱拉着走。而在人流拥挤的东京，拉着行李箱移动特别痛苦，因此自带打印机出行也不可取。

有一次我提到这个问题时，一位杂志记者给了我一个好建议："**在7–11 便利店打印出来不就行了？**"实际尝试后发现这个办法非常好用。好像 7–11 便利店很早就开始提供打印服务了，但没想到仍然有很多人不知道。

打印步骤非常简单，进入 7–11 便利店网络打印机的网站[1]，上传要打印的资料，然后拿着打印预约号到便利店，输入多功能打印机即可。

在外面打印资料的好处在于不仅可以打印彩色的资料，而且纸张大小齐全，连在家里无法打印的 B4 或 A3 这类资料都可以打印。

此外，数据从上传之日起可以保存 7 天，这 7 天内你可以随时去便利店打印资料，而且次数不限。

便利店的打印机可以支持 Word、Excel、PowerPoint、PDF、JPEG、

---

[1] 日本 7–11 便利店网络打印机的网站是 http://www.printing.ne.jp/。

只要到 7-11 便利店网络打印机的网站免费注册账户，上传数据，再确认附近的便利店位置就可以了。

TIFF 等多种数据格式。不过，为了确保字体和版面能原封不动地打印出来，我一般习惯先将文件转换成 PDF 格式，再去打印。

　　还有一点需要注意的。往往越是着急打印东西的时候，就越容易遇到一些人在打印大量资料或打印很耗时的照片，这就是所谓的"墨菲法则"。有时候你可能不得不等 10 分钟以上，才能轮到你。所以到外面打印东西**最好将等待时间计算在内，留出充裕的时间，提前一点到便利店去**。

整理术 11

不关电脑电源，设为待机状态

我向来都不关电脑电源，电脑一般都处于待机状态。这是为了节约开机时间，同时也因为使用 SugarSync 共享文件，需要事先设定同步和共享。一旦关掉电源，电脑开启后就得花一些时间来进行 SugarSync 的文件同步操作。而我这个办法能将这些时间都节省下来，可以随时进入工作状态。

我不仅不关台式电脑的电源，笔记本电脑也时刻保持待机状态，办公时随身携带。这么做的确比较耗电，但电池电量的流失总比着急的时候干耗上一两分钟等待电脑开机要强得多。

这个办法确实有点浪费电费，并且适当地关闭电源对电脑而言也是一种保养。但资料架随时都可以打开来查找纸质文件，而电脑开机却还得等待那么多时间。相比之下，结果变成"还是纸质资料用起来方便"，这样一来资料整理就又倒退到用纸质资料侵占空间的时代了。因此，将电脑保持在待机状态就能获得"用电脑管理更方便"的效果，其结果是**既缩短了时间，又节约了空间**。

这会让人**对操作上的瓶颈** [1] **尤其敏感**。电脑的开机需要花时间，相信谁都认为很正常，也都接受这一事实，但这其实是电脑使用上的一大瓶颈。如果手机需要几十秒才能开机，相信现在也不会如此普及。大家肯定会觉得"真麻烦"，然后渐渐远离手机，寻找其他方便的工具。

---

[1] 这里用瓶子细长的颈部来比喻作业流程中效率最差的环节。

　　要将某个程序变得更实用，就有必要一点一滴地去除操作时的"麻烦"环节。对于要用电脑进行操作的方案而言，通过缩短这麻烦的几十秒开机时间，能使电脑操作更为方便，大家也就更愿意用电脑来做更多事情了。

　　举个身边的例子，看看别人是怎么下工夫减少"麻烦"的。这个例子就是各个应用程序的用户界面的设计。许多应用程序都在界面设计上下足了工夫，为的是不让用户觉得用起来麻烦。它们大都重视一点，即"无须思考，靠直觉就能理解"。

　　这样看来，**整理术的目的就是为了"直观地把握，无须深思熟虑"或"不麻烦"**，因此是一种非常具有创造性的思考方式[1]。

---

[1] 上 J-Wave 广播电台的广播节目 "Make IT21" 时，我曾在聊天中问主持人约翰·K 先生 "整理用英语怎么说"，没想到 K 先生的回答竟然是 "design"，没想到 "整理" 一词还有这么多意思。

整理术 12

用在线编辑软件与他人共享文件

我在在线编辑软件上共享的文件包括：

① 大纲、会议记录

会议大纲和会议记录一般会指定专人制作，但如果有需要修改或增加的地方，文件共享后会议参与者就都能立刻进行编辑。

② 出席者名单

由于会议、研讨会、学习会等的出席者名单经常变化，用在线编辑软件保存后，就可以随时确认最新信息了。使用在线编辑软件之前，每当需要确认最新名单，大家都不得不重新发送邮件。邮件一多就不容易分清到底哪个才是最新的名单。所以需要不定期更新的文件最好用在线编辑软件来管理，这样才会事半功倍。

③ 需要共享的参考资料

对于需要大家共享的数据资料，我也习惯用在线编辑软件来管理。当发生产品价格变动之类的微小改变时，每次都发邮件共享比较麻烦。如果用在线编辑软件来管理这类最新信息，就能保证大家都随时浏览到最新数据。

整理术 13

用 Eye-Fi 自动上传图片

通过网络实现图片共享也存在瓶颈问题，即图片的上传操作。随着 SD 卡容量越来越大，大家都习惯将照片留在存储卡里，不再传到电脑上。这使得大量的照片孤单地长眠于 SD 卡中，无人问津，实在是太可惜了。而造成这种现象的原因，就是上传照片太花时间了。

为了解决这一问题，SD 卡型工具 Eye-Fi 应运而生。它能通过无线网络，帮我们自动地将照片上传到网络相册和电脑文件夹中。

设定也很简单，只要连接电脑和卡，设定无线网络和数据的上传地址后，用 Eye-Fi 代替 SD 卡插入照相机即可。

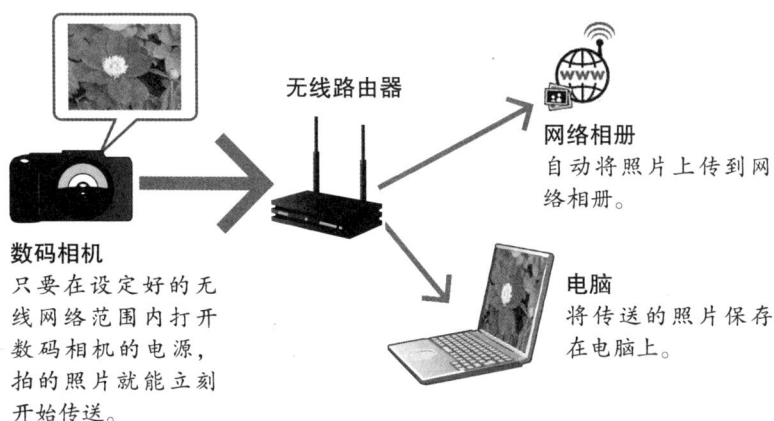

无线路由器

网络相册
自动将照片上传到网络相册。

数码相机
只要在设定好的无线网络范围内打开数码相机的电源，拍的照片就能立刻开始传送。

电脑
将传送的照片保存在电脑上。

只要在无线网络范围内打开数码相机的电源，图片就开始自动传送。以前费事的照片管理瞬间变得简单又方便。

　　"自动化"这个功能非常强大，由于完全无须人工操作，因此将照片传到电脑上和与他人共享都能很顺利地进行。只要在无线网络范围内打开数码相机的电源，照片就会开始自动传送。如此省事，让人不禁为之感动。

　　以前必须取出 SD 卡，连到电脑上，再从 SD 卡里把照片拷贝出来。现在这些繁杂的程序全都可以免掉，图片管理瞬间就变得简单又方便了。这种**"又省事，又有效"**的整理方法，你还不来试试看？

　　但有些数码相机不能支持 Eye-Fi，购买时请一定要先确认。

只要将 Eye-Fi 卡插入 SD 卡卡槽即可，操作很简单。

整理术 14

重要的网页可以截图

既然提到了图片的话题，就再向大家介绍一个与图片相关的整理方法。

说到网页，我们总以为随时都能浏览，却总会发现有些网页某天忽然就上不了了。我们好不容易找到了感兴趣的网站，满心欢喜地收藏起来，结果却遭遇网站服务器删除数据，网页再也打不开了。

向大家推荐一个应对之策，即**重要的网页要截图保存**。有一种工具叫 Capture It，只要在 Internet Explorer 和 Firefox 里安装这个工具，轻轻点击就可将网页截图保存下来，截下的图会以 JPEG 格式自动保存到"我的图片"中的 CaptIt 文件夹。

截图的种类很多，不仅可以将显示画面全部截取下来，还能只截取画面的一部分。

保存的文件名会自动加入截取时间，所有文件的截取日期都一目了然。

这个程序安装完毕后会出现在浏览器的工具栏内，操作时只须点击图标即可轻松截图，非常方便实用。

名前 ▲	サイズ	種類
Ci090307140446.jpg	390 KB	JPG ファイル
Ci090324104838.jpg	369 KB	JPG ファイル
Ci090330162102.jpg	364 KB	JPG ファイル
Ci090401124513.jpg	543 KB	JPG ファイル
Ci090405105040.jpg	437 KB	JPG ファイル

保存到 CaptIt 文件夹中的截图文件会自动在文件名内加入截取时间，所以文件的截取时间都一目了然。例如，090405105040.jpg 是指 2009 年 4 月 5 日 10 点 50 分 40 秒截取的图像。不过只有截取时间没有文件内容，不易查找。所以建议大家根据截图内容修改文件名，方便日后查找。

不过，自然生成的文件名全是数字，不方便搜索，建议大家保存文件后马上根据具体内容来修改文件名，但最好保留日期，方便日后搜索。

如果你不喜欢截图，建议你直接将网页以 HTML 格式保存下来。但这种方法也有缺陷，根据网页编排的不同，有些网页保存后版面会变形，有些网页可能无法显示图片。如果你想完整保留网页页面，建议你还是用截图方式最保险。

整理术 15

分类使用 SD 卡，传递数据更高效

除了通过网络服务与他人共享文件，其实人们还喜欢通过物理媒介来传递数据，将数据拷贝到 CD 光盘里给别人就是方法之一。

但拷贝光盘不仅费时间，传递完资料后该如何处理也是个不得不考虑的问题。我每每看见被人丢弃的光盘，就会不由得担心"里面的数据没机密内容吧？"

考虑到光盘拷贝文件的时间和废弃处理的问题，我认为最近不断降价的 U 盘其实是个很好的替代品。比起光盘，U 盘复制文件的速度具有绝对优势，而且删除数据后可以重复使用，无须担心用完后如何处理。况且现在大家用电脑演示文件时，都已经习惯用 U 盘传送数据了，所以恐怕大家都认为 U 盘是最好的数据传送工具。

但追求精益求精才是生活黑客的生存之道。我们可以在这么便利的方法上再加个一，就升级到了一个新方法，即**使用多张 SD 卡**。

SD 卡和 U 盘一样越来越便宜，2GB 的 SD 卡在亚马逊上只要数百日元就能买到。不仅如此，SD 卡体积小，相当轻巧，出门带上好几个也不占地方。我自己出门时就习惯带上几个 SD 卡来传递数据。

这样一来，我们就可以根据数据的不同种类来分类使用 SD 卡了。只要专门用一张卡来传递数据，就可以避免因疏忽大意而使一些机密隐私文件被别人看见。

我们也可以直接把 SD 卡给别人。反正一张卡也就几百日元，即使有

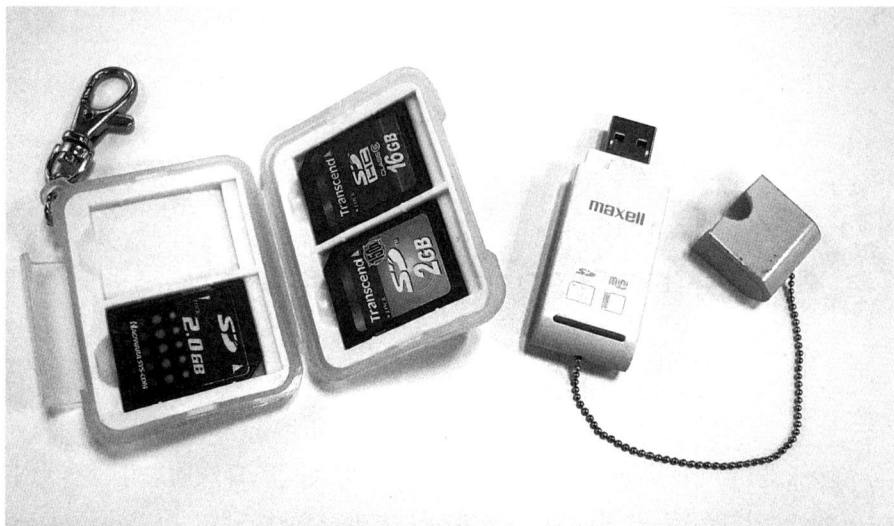

我们可以准备 16GB 的 SD 卡，内存大一些，和 2GB 的卡，小一点，方便给别人，再带上 SD 卡读卡器就万无一失了。

去无回，也不会造成多大的损失。

我们还可以趁机**将数码相机之类的电子产品都统一成可以支持 SD 卡的类型**。如此一来，数码相机的 SD 卡满了，我们就能立刻拿出备用的替换。

美中不足的是有些电脑没有 SD 卡槽，如果手上也没有现成的 SD 读卡器，需要传递数据的时候就比较麻烦。为了以防万一，最好**随身携带 SD 读卡器**。这样，就算对方没有读卡器，我们也能通过 USB 接口来传递数据。

总之，只要丢弃 U 盘、选择 SD 卡，就能更轻松便捷地传递数据了。

整理术 16

纸质资料装入透明文件夹，按时间顺序排列

虽然之前我向大家强烈推荐用电子文件来管理资料，但纸质资料也有许多无可比拟的优点，其中之一就是**可视性强**。有些文件太大，无法用有限的电脑屏幕阅览，纸质资料却能一览无遗。此外，想看纸质资料的时候可以立刻拿出来阅览，电子文件则还要等待电脑开机。考虑到可视性和时间效率的问题，我认为**对于正在进行的项目，还是应该暂时保存纸质资料，以方便办公**。

关于纸质资料的整理方法，我在《整理的艺术 2》和《整理的艺术 3》中有过详细介绍。这里再向大家介绍两种实用的整理方法，第一种是"**纸质资料装入透明文件夹，按时间顺序排列**"。

操作方法很简单，就是将某个项目的全部相关资料都统一放进一个透

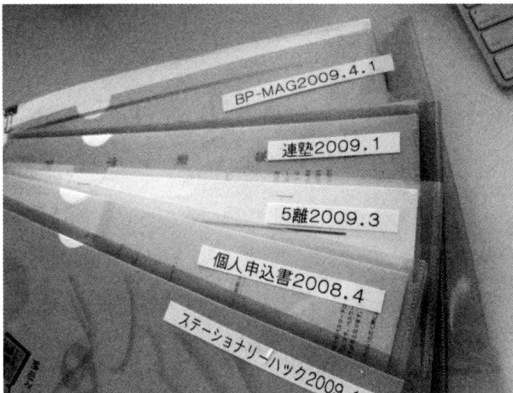

配合项目的不同，使用不同颜色的透明文件夹，就会更加清楚明了。

明文件夹中，在文件夹右上角注明日期和项目名称，然后将最近使用过的文件夹都排在前面就可以了。之后需要大家养成将这段时间常用的文件夹放到前面的习惯，以方便取出。如此一来，长期未用的资料自然就被挤到了最后面，野口教授给这种方法取名为"**排挤式文件管理法**"。

以前我就是用这种方法来管理纸质资料的，随着资料增多，透明文件夹也越来越多。但最近开始用前面所讲的方法，将不再使用的纸质资料都扫描保存，然后毫不留情地扔掉，所以现在用"排挤式文件管理法"管理的纸质资料就仅限于正在进行的项目了。纸质资料瘦身后，不用特别严格地执行排挤式文件管理法，查找资料也不会很费劲了。

进行中的项目资料全部放入透明文件夹中管理。扫描保存电子版，放心扔掉许多纸质资料后，仅办公桌的抽屉和文件盒就足够应付现有的纸质资料了。

用 100 日元的笔记本整理信息

还有一种纸质资料整理术是"**用 100 日元的笔记本整理信息**"。无须同时使用好几本笔记本，只要用一本将所有笔记都记录在内就可以了。**所有笔记要按时间顺序排列，这样就能按时间顺序来管理笔记内容了。**

要贯彻按时间顺序管理资料的原则，首先就要在笔记本封皮上记下最初使用的日期，这样就能清楚笔记本的内容大概是何时记录的。然后在记笔记的时候，一定要记得在右上角写下当天的日期。只要有日期，就能对照日程表搜索笔记了，非常方便。

一看笔记本封面的日期，就知道笔记是什么时候记的，一目了然。

此外，**我们还可以在笔记本上粘贴一张大纲或飞快记下笔记的报事贴。**这类单独的资料很容易丢失，贴在笔记本上就万无一失了，而且还能按时间顺序进行管理。

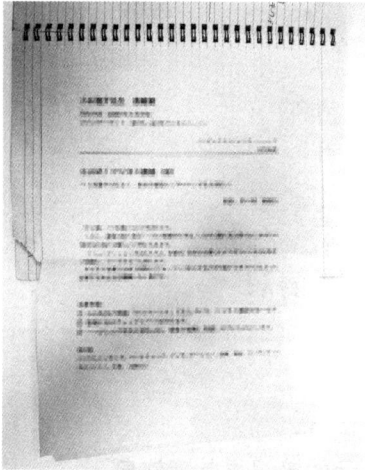

会议大纲贴到笔记本上妥善保管，就不用担心会弄丢了。

请务必记下日期，这样，对照日程表就能准确找到笔记。

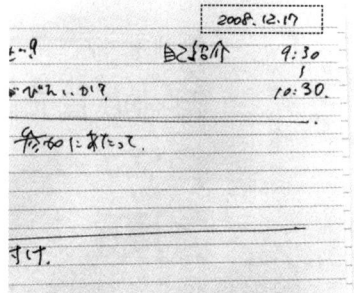

采用这种时间顺序管理方法，最重要的是如何尽快翻到最新一页。有的人着急的时候如果老是找不到最新一页，就会习惯记在最后一页，这样就有可能打破时间顺序。而且，为了找最新一页而手忙脚乱地来回翻查笔记本，害得别人等你，这样也不太好。为了避免这种尴尬，**我会在记完笔记后将那一页的页脚剪掉，这样就能保证需要时立刻翻到最新一页了。**

剪掉笔记本的页脚后，就能迅速翻到最新一页，可谓是小点子生出大效果。

用这种方法管理笔记，即使 10 年前的笔记我也能准确地查到。如果你将日程表也保存下来，还能对照日程表上记的"见面日期"回忆当时跟某人见面的细节。

整理术 18

集中数据、分散浏览场所

如上所述，我向大家介绍了资料集中管理的重要性。资料一旦分散，我们就容易弄不清楚哪份资料放在何处，如此管理肯定会浪费很多精力和时间。野口教授的《"超级"整理法》中有一个很重要的理念——**"一个口袋原则"**，即在一个资料集中的地方寻找，就必然能找到资料。

但另一方面，这种集中也会变成工作的集中，工作场所也会被局限在一个地方。

我做新业务咨询师的时候常常跟多家企业保持联系，有时候还不得不在三四家公司间穿梭。由于无法将资料集中在一个空间内，我不得不带上有滚轴的箱子，把当时需要的资料都塞到里面，拉着四处奔走。我在《点子整理术》中介绍过，在带着资料来回奔走的痛苦和资料集中管理的安心感之间衡量一番后，最终我选择了安心感。

随着时代的进步，我终于找到了一种划时代的解决方案，就是**将资料以电子文件的形式集中管理，将浏览查找数据的场所分散到各个角落**。这种解决方案就是狡兔三窟，保证能在不同地方浏览集中起来的数据。

这样一来，既保留了资料都放在一个口袋里的安心感，也能在任何地方浏览数据，方便又轻松。

这种集中管理的理念不仅限于资料，图片数据、名片数据等的管理都可以如法炮制。

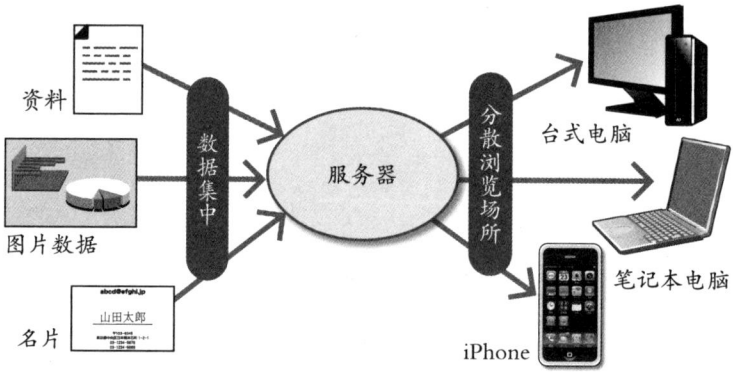

继续探索其他管理方法，说不定还能找到更高超的生存术（Life Hack）呢。

第二章 环境整理术

统一环境、简化环境

整理术 19
将小物品装入透明文件袋

　　人类很容易受环境影响，因此整理身边环境对提高工作效率而言至关重要。整理环境最重要的一个理念，是**"减少杂乱感"**。进入一个物品堆积如山、摆放杂乱的房间，相信谁也无法专心工作。因此要减轻杂乱感，让人可以集中精力，这样才能提高工作效率。

　　这个过程中可以马上投入使用的是**透明文件袋**。透明文件袋在 100 日元店就能买到，物品虽小，功能却相当强大。

　　最近我经常随身携带各种可移动的工具四处办公，皮包里塞满了各种小物品。手机这类可移动工具都配有各自的适配器，其他附属品也不少，需要随身携带的东西就越来越多了。

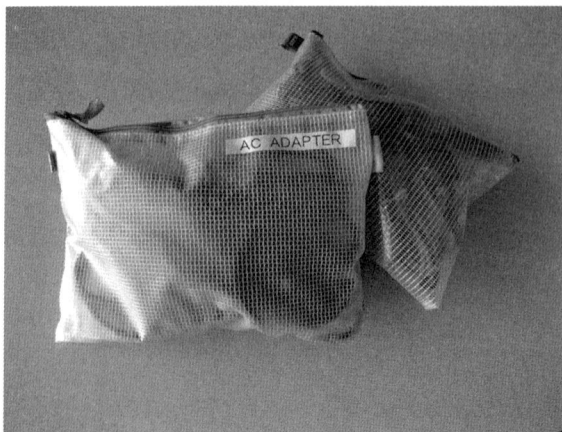

将数据线分类放进不同的透明文件袋，只要简单操作，就能有效整理了。

如此一来，某件急用物品如果不能及时取出，就会影响工作效率，还有被人贴上"毫无工作能力"标签的危险。所以不仅为了提高效率，也为了使公文包内井然有序，我都希望大家能花些心思来整理整理小物品，这就要求大家能够玩转透明文件袋。

我通常会把手机充电器、U 盘、USB 数据线这类物品放进一个文件袋随身携带。根据工作类型不同，我还准备了其他文件袋，比如做报告、演讲时用的文件袋里就装有激光笔、秒表、培训课程所需的贴纸等。

此外，日子不同，我还会使用不同的电脑。现在一共有 3 台，一台 Mac 系统的，两台 Windows 系统的，于是我也**为每台电脑配备了各自的文件袋**。每台电脑的电源适配器都各不相同，每次出门时就要带上相应的电源适配器。有时还需要更多其他配件，这些都放进相应的文件袋，方便出行时使用。

重视生活品质的生活黑客还要记得带上可以放松神经的熏香棒、消除疲劳的按摩啫喱、眼药水等，这些都可以统统放进一个文件袋，陪你四处奔走。并且，这些物品与其他文具混装在同一个袋子里容易受污染，从这个意义上说，放进一个专门的文件袋也比较妥当。

除了随身携带物品外出，透明文件袋在整理工具时也能助你一臂之力。如果将一些不大派得上用场的电器的电源适配器和主机分开保管，以后可

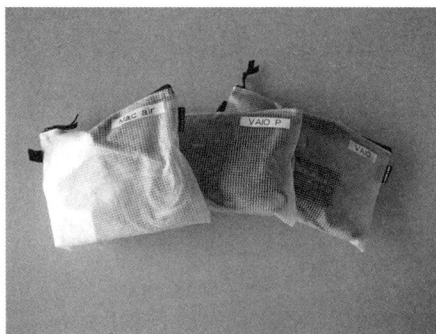

按不同电脑分类的数据线、电源适配器。电脑不同，文件袋内的物品也有所不同。MacBook Air 袋子里除装有电源适配器外，还有连接显示器的配套数据线和 USB 集线器，VAIO P 袋子里则配备了蓝牙鼠标。

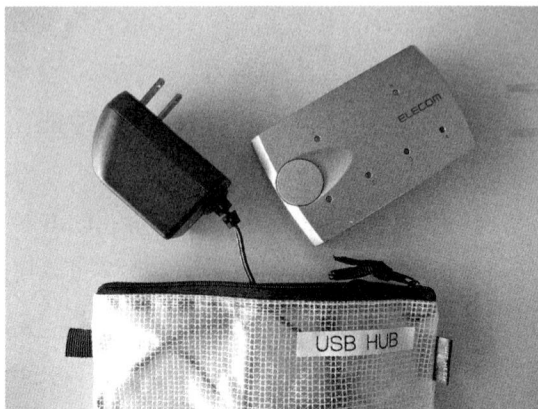

不再使用的电器的主机和电源适配器等要一起存放，既能防污，又能保证电源适配器随时归队。

能会分不清哪个主机应该配哪个电源适配器。不想当事后诸葛亮，最好**将电器及其配件放入同一个袋子里保管**，这样也能防尘防污。

透明文件袋整理术的灵感其实源自于女士们的化妆袋。女士们的化妆品大多是各种零碎的小物品，不加整理便很难随身携带。并且，这些小物品如果装入不透明化妆包，急需使用时就很难锁定目标，会手忙脚乱，满头大汗。因此，整理袋必须是透明的，能一眼看清里面的物品。

整理术 20

准备好出差用品，自如应付紧急出差

　　有些文件袋塞满物品后会呈立体形状，能使空间得到有效利用。公文包主要是用来放置纸质资料的，如果你企图将立体的东西垒放进公文包，可能下一秒这些东西就会很不给力地塌掉，变得乱七八糟。但如果先将这些物品装入文件袋，就很容易放进公文包中，只要略施小计，就能**在不换公文包的前提下装进更多的必需品**。

　　利用立体空间的思路在出差时特别适用。出差时随身携带的，更多的不是纸质资料而是性质完全不同的立体物品。我为自己准备了专门的袋子来装这些用具，这样即使需要紧急出差也能应付自如。我有两个袋子，一个用来装牙刷、剃须刀、香水等洗漱用具，另一个用来装换洗的衣服。这些都是私人用品，所以我都用黑袋子来装。

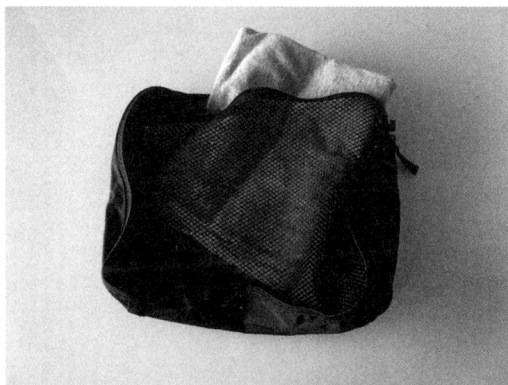

这是用来装换洗内衣的袋子（无印良品的旅行套装袋，有两个内袋）。固定放一些衬衣和内衣在里面，出门前只要记得带上这个袋子，就能随身携带一套内衣应付紧急出差。

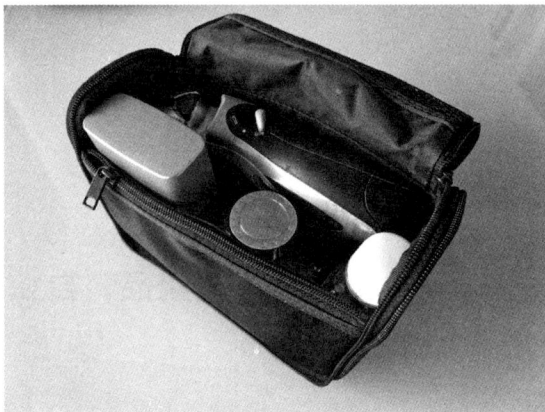

这是用来装洗漱用具的盒子（无印良品的钱布雷绸可挂洗漱用品袋）。牙刷、剃须刀、香水、除臭剂、棉签等物品都放在这个袋子里，我一般将这个袋子和装换洗衣物的袋子放在一起，出差时随身携带。

　　事先准备好这种袋子，**忘带的东西就会减少**，出差也就万无一失了。要避免由于紧张着急而忘带东西，就必须准备好装东西的袋子，只要看到袋子，就能想到哪些东西是需要带的，这么做比费力记住要带的东西更为方便和保险。总之，没必要浪费脑细胞去记要带的东西，只要记住装东西的袋子就可以了。

整理术 21
充电全靠 USB 解决

就算我们把东西都用小袋子装好，行李本身也并未减少，其中充电器最为麻烦。需要带的电器多了以后，相应的充电器会越来越多。如果你为了以防万一，全都随身携带，那可就有罪受了。手机、数码相机、iPod、PSP、Nintendo DS、录音笔，将它们的充电器全都带上的话，不仅文件包没有那么多空间，即使都塞进去了，背着这么沉的包也不方便。

告诉大家一个诀窍：**充电全靠 USB 解决**。电脑的 USB 端口也能供电，很多机器都能通过 USB 端口来充电。

手机、PSP 和 Nintendo DS 都配有 USB 数据线，买录音笔时也尽量选择可以用 USB 充电的。比起大大小小的充电器，USB 数据线非常娇小，能节省不少空间。

只要能用 USB 数据线充电，我们坐在公司办公桌前的时候，就能用电脑给电器充电。插线板的数量毕竟有限，USB 端口却相对较多。只要插上 USB 集线器，就能增加更多端口，同时给多个电器充电。

如果有 USB 电源适配器，**除了用电脑 USB 端口充电之外，还能连接普通插线板，直接充电**。这样，只要带一个电源适配器即可搞定所有电器的充电问题，非常方便，强烈推荐 [1]。

---

[1] 大家选购 USB-AC 电源适配器时需要注意输出功率。功率小的只有 500mA，有些电器就无法充满电。我现在用的是 2000mA 的，功率比较大。

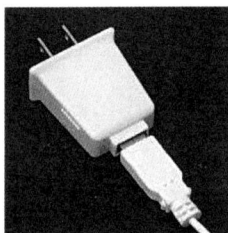

USB-AC 电源适配器有小的，也有插头式的，不同电器对功率要求不同，功率大的需要选购相应的适配器。

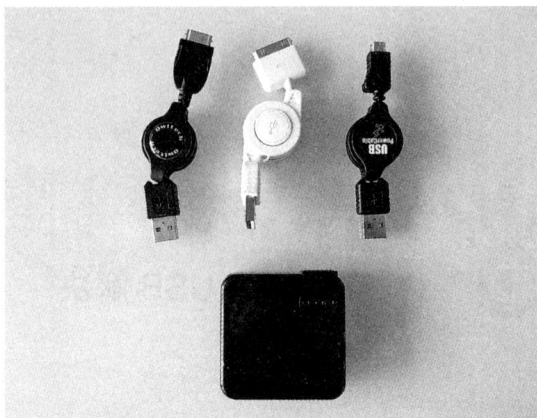

从左到右分别为手机、iPod、Nintendo DS 的充电器。只要带一个 USB-AC 电源适配器，各种电器的充电就都应付自如了。

整理术 22

实现一物多用

　　箱包的内部空间不仅可以通过减少充电器来整理，**还能通过整合使用工具来整理**，比如可以用 iPhone 实现手机与 iPod 的融合。

　　我在拙著 *iPhone HACKS*！中介绍过 iPhone 的各种强大功能：数码相机、网络浏览器、电子邮件、通讯录管理、日程管理、GPS 地图功能、录音机等。它强大的功能让很多人觉得有了 iPhone 后，即使不带电脑出门也不会有后顾之忧了。加上 iPhone 还能统一管理日程和通讯录，估计纸质的记事本很快也可以退出历史舞台了。而且即使没有 iPhone，其他手机也有许多功能可以取代不少工具，节省空间。

　　这类将多种功能合而为一，用一种工具发挥多种用途的方法称之为"**一物多用**"。传媒界有种说法叫"一源多用"（one-source, multi-use），即将一种资源、同一项内容，用于多种媒介（如印刷品、网络、手机等）。这种方法不仅对信息资源适用，对各种工具也同样适用。因此我们不要局限于 iPhone，要调动大脑实现各种工具的一物多用。

　　举一个**附带噪音隔离功能的耳机**的例子。我有时在上班途中用它来学习，也用它来听音乐放松自己。有时周围噪音太大无法集中精神时，我就用它来隔离噪音。如果一个耳机有三个用途，就算放在包里多占点空间，也绝对值得随身携带。

　　报事贴用途也很多，是多功能工具的代表之一。看书时遇到有意思的地方，可以贴个报事贴当书签或读书笔记，也可以用它来管理个人事务，还可以把它当作点子记录工具，灵光一闪就随时记录。像这种多功能工具一定要随身携带，以备不时之需。

反之，**只要报事贴能搞定的事情，就绝对不带多余的工具。**充分利用一种工具完成多项任务才是工具整理术的精髓所在。

非常希望大家能广泛运用这种一物多用的理念。

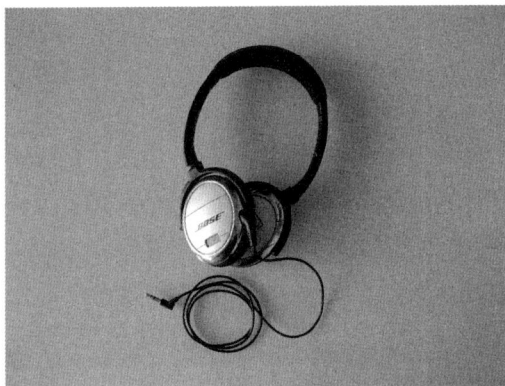

虽然有些大，带着不方便，但就其使用范围而言，随身携带后你绝不会后悔。

报事贴也是一种用途很多的工具，我外出办公时一般会带上两种不同大小的报事贴。

整理术 23
为笔记本电脑准备三个电源适配器

随身携带笔记本电脑外出办公，最让人头痛的问题就是充电。一旦电量耗尽，再强大的笔记本电脑也只是没用的绣花枕头。因此，外出办公时要见缝插针地给笔记本电脑充电。

但这种见缝插针的充电方式实际上很难操作。你得从公文包里掏出电源适配器，找个插座接上电源才能充电，总会浪费一些时间。要是不巧碰到必须马上出发的紧急事件，你就得手忙脚乱地收拾电源适配器，又费时间又麻烦，最终你可能干脆直接抓上电脑就赶出去了。而到了外面，一旦电池耗尽又无法充电，你就只能束手无策，望洋兴叹了。

要避免这种尴尬，向大家推荐一种整理术：**为笔记本电脑准备三个电源适配器**，一个放在公文包里随身携带，一个放在家中，一个放在办公室里。放在家里和办公室里的电源适配器我都事先连上电源，需要充电时只要插入电脑即可。

如此一来，我们就省下了从公文包里拿出电源适配器的时间，**这短暂的时间也可以抓紧充电。而且就算要马上外出，也无须担心会忘带电源适配器，我们早在公文包里准备好了。**

这一招不仅适用于笔记本电脑，对手机和数码相机也同样适用。总之，对于那些电能耗尽就无法工作的工具，我们只要增加充电器，增加能充电的地方即可。

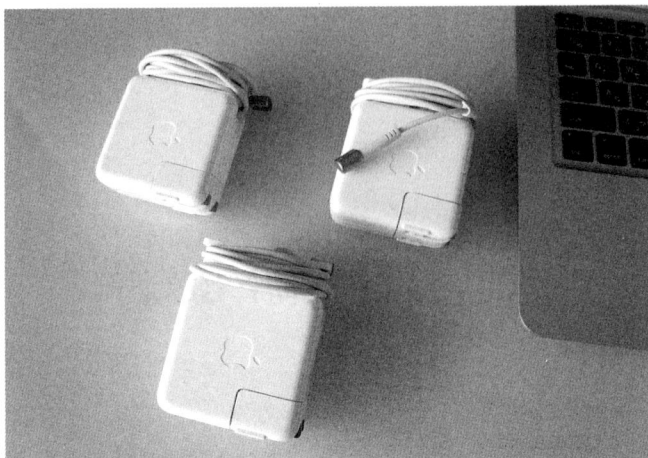

事先在需要充电的地方准备三个电源适配器，如此一来，既不会忘带电源适配器，也可以见缝插针地给电脑充电。

整理术 24
家里和办公室使用同样的键盘和鼠标

正如工匠讲究工具，具有专业精神的职场达人也应该重视自己使用的工具。职场达人绝不会毫无章法地滥用各种工具，而是精挑细选出最好的一款使用。尤其像我们这种经常在办公室工作的人，电脑是接触时间最久的工具，因此我们挑剔电脑也是很正常的。

尽管如此，公司配备的电脑一般都由公司统一指定派发，估计很少有人能得到称心如意的机型。家里的电脑和公司的不同，使用习惯也不同，难免会对工作表现产生不良影响。这一点非常不好，这可不是专业人士该有的表现。

这里向大家介绍一个绝招来解决使用习惯不同带来的麻烦，即统一键盘和鼠标。键盘种类不同，文字的排列和打字的触感都不尽相同，使用不同的键盘会在无形中给人增添精神压力。鼠标也一样，用电脑必然会用到鼠标，一旦形状和重量有所改变，使用习惯也大不相同。

职场达人对这两种工具的变化都非常敏感。至少**我们可以统一键盘和鼠标，让公司和家里的电脑都符合自己的使用习惯，变成非常顺手的工具。**

为了统一笔记本电脑和台式电脑的键盘触感，我将键盘**统一成悬浮式键盘**。品牌和型号我都用 ELECOM 的"TK-UP04FP"，通过统一功能键和 Del 键等按键的位置，实现盲打，提高工作效率。

按键除了悬浮式，还有齿轮驱动式。齿轮驱动式键盘据说也很方便，即使只按中了按键的一个角或一边，整个按键也会垂直向下，保证每次敲

这是我经过无数次试验与失败后发现的最佳组合，尤其在用宽屏电脑时，推荐大家使用轨迹球。

击都有效。（不过齿轮驱动式键盘与悬浮式键盘相比，敲击更费力。两种键盘各有千秋，大家可以根据个人喜好自行选择。）

至于鼠标，我用的是**轨迹球**。虽然还没用顺手的时候操作起来比较费力，一旦习惯了，肯定会好用得让你上瘾，爱不释手。尤其在使用大屏幕的显示器时，如果使用普通鼠标，就要多次拿起鼠标才能把鼠标指针从屏幕的一端移到另一端。

如果用轨迹球，只要旋转球体部分就能做到。普通鼠标用久了，手腕会觉得很累，轨迹球则能克服这一难题。我的爱将是 LOGICOOL 的 TrackMan Wheel。

统一键盘和鼠标不仅限于台式电脑，使用笔记本电脑时我也会用电脑支架将其适当摆高，键盘和鼠标都使用外置的。因为笔记本电脑键盘的按键范围狭窄，会影响工作效率，而用了电脑支架之后，就可以将输入方式与台式机统一了。

统一输入方式之后，工作效率就会大大提高。作为商业达人，对键盘、鼠标这类常用的辅助工具有一点点的挑剔，平时尽量用同样的东西，未尝不是好事。

整理术 25

用 Firefox 的附加组件实现网页浏览器的个性化

说到对工具的讲究，就不得不说到网页浏览器的选择。现在的浏览器已经不仅仅是收集信息那么简单，而是集邮件、日程表管理、在线编辑等文字处理功能为一体的多功能工具。创建自己专属的浏览器，就可以大幅度提高生产效率。

首先要向大家推荐的是 Firefox 浏览器。Firefox 通过添加各种附加组件来实现附加程序的导入，可以改善各个细小的环节。只要**添加不同种类的附加组件，我们就可以创建出只属于自己的浏览器** [1]。

值得推荐的附加组件有 **Better Gmail** 和 **Better GReader** 等。

Better Gmail 可以个性化你的 Gmail。比如，一般 Gmail 的附件是用曲别针的图标表示的，使用 Better Gmail 后，Gmail 可以根据附件种类的不同，显示出 Word、Excel、PDF 等不同的图标。如此一来，邮件主题列表中每封邮件的附件格式就都一览无遗了。另外，如果你不需要侧边栏内的聊天、对话框等板块，还可以选择不显示。

Better GReader 可以使 RSS 的订阅过程更加简便，使我们能直接在阅读器预览信息。这个预览功能尤为便利，以前预览内容只能在新的窗口显示，现在可以在阅读器的窗口显示，实在是省了不少麻烦。

此外，还有一个非常强大的附加组件——Xmarks。它具有巨大的吸引力，会让你爱不释手，我将在下一节详细介绍。

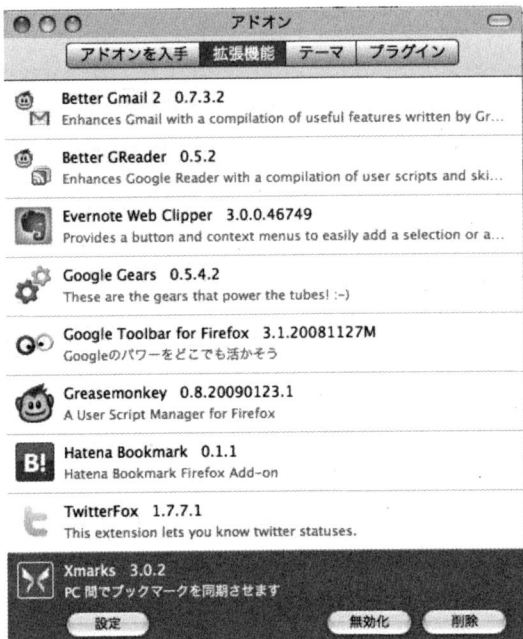

添加多个附加组件之后，Firefox
就变得个性化了。除了本文介绍
的组件之外，Evernote 的 Web
Clipper 也十分好用，可以将网页
中的信息摘抄保存起来。

---

[1] 很多网站都会推荐附加组件，可以参考网站的推荐进行选择。

整理术 26

用 Xmarks 瞬间复制电脑运行环境

前面向大家介绍了统一键盘和鼠标的方法，这一节我们要讲Xmarks（原名 Foxmarks）[1]。这个附加组件可以帮我们**在不同电脑之间统一浏览器的运行环境**，只要安装了这个组件，浏览器的操作效率就会有惊人的提高。

就拿浏览器的书签（收藏夹）来说吧。一般情况下，台式电脑和笔记本电脑、家里的电脑和公司的电脑，书签内容各不相同。有些书签可能公司的电脑里有，家里的电脑里没有，反之亦有可能。如果不能将每个电脑的设置牢记于心，就会平添许多烦恼。另一方面，一旦某台电脑有了丝毫改动，想保持书签统一，我们就不得不大费一番周折。

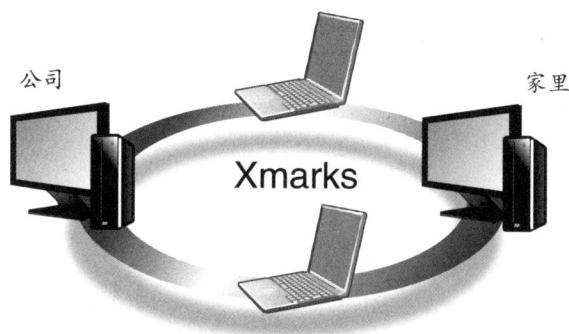

公司　　　　　　　　　　　　　　　　　　　　　　家里

Xmarks

用 Xmarks 可以统一公司和家里的电脑、笔记本电脑的浏览器运行环境。刚买的新电脑也可以安装 Xmarks 来快速完成设置。

---

[1] http://www.xmarks.com/。

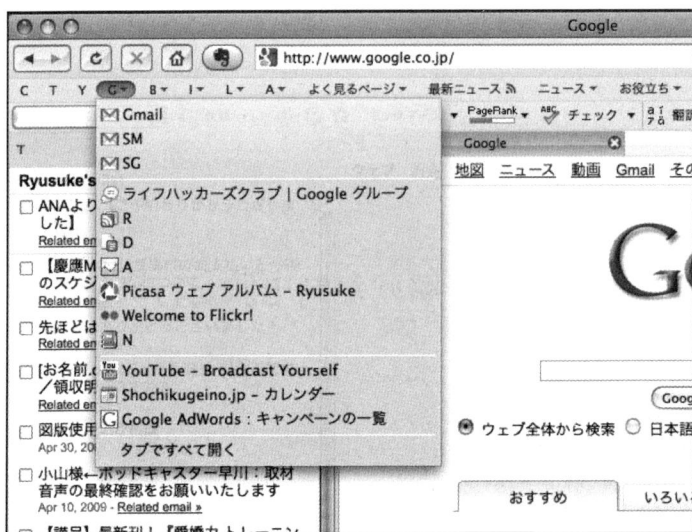

频繁使用的网页保存在书签工具栏内，只要单击鼠标，便可打开需要的网页。

在这种情况下，Xmarks 华丽登场了。只要添加这个组件，所有浏览器的书签便会自动同步。**统一了台式电脑和笔记本电脑的书签，工作就会更加得心应手。**

不仅仅是书签，浏览器记忆的**密码信息**也可以实现同步，这样就避免了"因为常用的电脑上密码都是自动保存的，换台电脑就不记得密码了，也没法登陆账号"的情况。

本来 Xmarks 只是 Firefox 专有的服务功能，但从 2009 年 3 月起也适用于 Internet Explorer(IE) 和 Safari（苹果浏览器）了，这样我们就能更大限度地统一浏览器的运行环境了。虽然现在（2009 年 5 月 10 日）密码的同步还仅限于 Firefox，但我相信不久以后，所有功能应该都能适用于 IE 和 Safari。

如此统一书签之后，接下来要做的就是对书签的构成精益求精了。**通过改变书签的编排方式，我们可以极大地减轻工作压力。**

以书签工具栏为例。虽然经常使用的网页都已经添加在工具栏内，我还是额外增加了子文件夹，**基本上将日常生活会用到的网页都添加了进去。**

这样，我们即使不输入网址，也能打开网页，工作起来便更加游刃有余。

还有一点独特之处要推荐给大家的，就是**将书签放到侧边栏显示**。相比于普通网页的浏览方式，放到侧边栏里显示会更加清新整洁，便于浏览。

只要设定"在侧栏中载入此书签"，就可以在侧边栏内显示网页了。这样就可以一边检查事务情况，一边阅览其他网页。

整理术 27

将办公桌的右半边变成激发创造力的空间

如前面所讲到的，从键盘、鼠标等硬件到 Firefox 等浏览器都实现统一后，操作环境就会变得越来越简约实用，这种简约是创造生存术的源泉。

首先应该整理的地方当属办公桌，这里有很多可以下工夫的地方。我要介绍的绝招是：**按区域划分功能**，就是将桌子分为左右两个区域，考虑各自的使用方法。

这里我想试试一种新方法，这种方法就是被当作自我启发技巧的 NLP（神经语言编程）[1]。NLP 中关于视线方向和思考活动之间的关系，有如下说明：

● **向左的视线**

人们在回忆过去的事情时倾向于向左看。反之，当需要回忆过去的时候，向左看更容易回忆起来。

● **向右的视线**

在构想未来的蓝图时，人们更倾向于向右看。也就是说，我们在考虑

---

[1] 作者并非 NLP 专家，详细信息请参考相关专业书籍或网页。

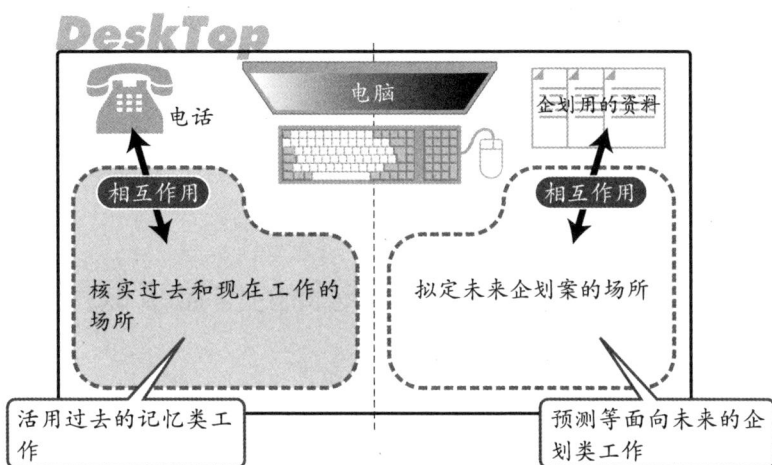

将来的计划时，向右看比较好。

　　将这个理论运用到空间安排上，首先**应该将电话放在左边**。这样，左手拿着话筒，右手记笔记会比较方便（对右利手的人而言），还有一个优点是便于回忆起过去的对话。此外，我们还可以在电话前放上记笔记用的纸张、报事贴等工具。

　　右边的空间则适合用于拟定未来和企划等工作，我们可以在那里放上计划书、必要的资料、参考书籍等。为了更顺利地完成企划，我将菲利普·科特勒和凯文·凯勒合著的《营销管理（第 12 版）》、《宣传：PR 实务手册》（日本能率协会管理中心编）等书、手册和可供参考的杂志放在右边。

整理术 28

通过固定纸巾盒与笔筒的位置来保持桌面井然有序

　　很多人能根据各区域的不同功能对桌面进行整理，却很难保持桌面的整洁状态。这里给大家介绍一种新的整理术——**用胶带固定笔筒和纸巾盒的位置**。

　　与电话、键盘等比起来，笔筒是很轻的东西，在使用中经常被拿来拿去。但笔筒内放着重要的工作用具，如果每次使用时都要先找笔筒，工作效率就会大大降低。这种情况下，如果用胶带将笔筒固定在桌面上，**就可以头也不抬，伸手便得**。

　　我们不仅可以放笔在笔筒里面，还能把订书钉、剪刀、圆规等常用工具都放进去。如果放在抽屉，用的时候不管怎样都要费点工夫，放入笔筒则可以随用随取。

　　纸巾盒也是轻巧的东西，所以通常会在桌面上"神游"。而纸巾盒体积大，很占空间，往往会成为扰乱桌面秩序的罪魁祸首。如果不将其好好固定在一个地方，不管做什么工作都会受到阻碍。

　　因此，纸巾盒也要像笔筒一样用胶带固定好。如果桌面上没有空间，还可以将抽纸的盒子贴在桌子旁边或下面空余的地方。如此一来，**纸巾盒就不会成为工作的障碍，**也方便我们在紧要关头准确找到纸巾的位置，桌上的空间也能得到充分使用。

　　这种做法还有一个优点，即不会再被别人"顺"走纸巾盒。很多人可

纸巾盒和笔筒一定要固定住。这些东西一旦游离，就会侵蚀掉工作空间，最重要的是将其固定能让人静下心来专心工作。

能很随意地借走了纸巾盒，虽然他们并无恶意，但盒子总是有去无回。用胶带固定住纸巾盒，就可以有效地避免纸巾盒再次"罹难"。

　　将这些容易游离的工具固定之后，我们就能在很长时间内保持秩序井然，从而使工作的进度稳定下来。不同于"流动"，这种以"不动"来提高效率的方法才是改善桌面环境的诀窍。

整理术 29

分隔抽屉，充分利用空间

下面进一步介绍办公桌的整理术。

大家在使用办公桌的过程中，总能发现还有很多可以利用的空间，这一般就是办公桌的第二层抽屉。这个抽屉，用来存放文件觉得太深，竖着放文件夹又嫌太浅，高不成低不就，难以利用。因此，这个抽屉常常难以整理，结果被乱七八糟地塞进一些小东西了事。但这样既浪费了空间，又难以整理零碎物件，会使工作效率越来越低。

这里可以使用的绝招是：**零碎物件整理箱**。不但可以将容易散乱的小东西整理在箱子内，还可以分隔区域，按类存放，要用的时候就很容易找

正面的抽屉比较宽，整个使用可能会造成文件杂乱不堪，因此可以在中间用磁铁间壁金属板分隔。

有些办公桌的第二层抽屉刚好可以放下 A4 大小的透明文件夹，这种情况下可以将文件盒放进去。这样看文件名称比较方便，找起文件来也方便。

办公桌的第一层抽屉也可以活用分隔板。要防止拉抽屉时的冲击力使工具、零碎物件散乱开来，就可以用分隔板牢牢固定这些物件。

到需要的东西了。换句话说，就是要将抽屉空间分隔使用。

也可以**使用磁铁间壁金属板**。这种分隔板呈"L"字形，侧面带有磁铁，可以简单地分隔抽屉，不仅可以用于第二层抽屉，也可以在正面的宽抽屉中使用，一般的抽屉都应该刚好可以分出两个 A4 大小的空间。

如果第二个抽屉足够深，能横着放下透明文件夹，就可以用来存放文件。这种情况下，**再与文件整理盒配合使用，就会更方便**。办公桌的抽屉当然是在座位的侧面，所以如果直接放入文件，就不容易看见侧面的文件名称，寻找文件时就会耽误时间，这时我们就要请文件整理盒出山，来助我们一臂之力。在抽屉内竖着放上文件盒，再将透明文件夹放入其内。这样就能轻松地看到文件名称，查找文件的效率也能得到明显提高。

整理术 30

将输入法语言栏放在电脑桌面顶端的中部

　　不仅办公桌的桌面需要整理，电脑桌面也是整理的对象之一。下面介绍一个容易被忽略，但又非常有用的绝招——**将输入法语言栏放在桌面顶端的中部**。

　　相比于其他应用程序，输入法语言栏总是显示在桌面上，常常成为工作的阻碍。虽然可以放到下面的任务栏内，但这样会占用任务栏的空间，特别对于显示器较小的笔记本电脑来说，反而更不方便。

　　这个问题的标准答案之一，就是放到桌面顶端的中部。放在这里，**既不会阻碍操作，也可以不用低头就及时确认当前输入法的状态。**

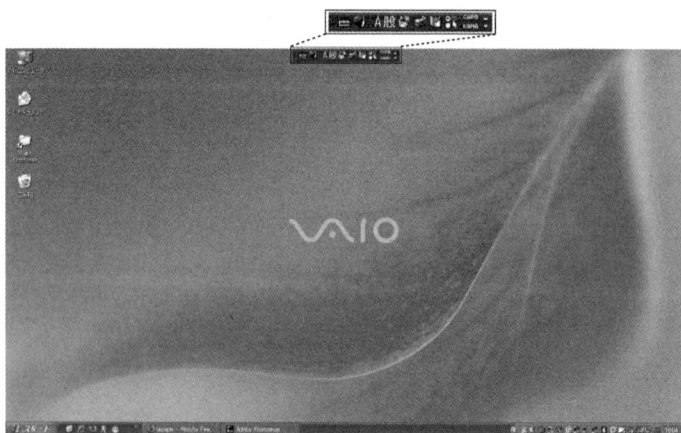

将输入法语言栏放到桌面顶端中部后，就可以随时了解输入法的状态。另外，这个地方通常是网页的标签处，因此不会对工作产生影响。

整理术 31

一机双屏，扩展工作领域

实际的桌子不容易扩大宽度，但电脑桌面就可以实现扩展，这就是一机双屏，即在电脑上再连接一台显示器，这样**一瞬间就可以让作业领域增加至两倍**。

这个办法在使用 Excel 等横幅很长的文件时特别有用。如预算表等按时间横向排列的表格，双屏显示可以一次性显示出好几个年份的内容。

根据工作内容不同，还可以将两个显示器分开使用。比如制作企划书时，左边是 PowerPoint 的幻灯片，右边是用于搜索信息的浏览器，这样就

用双屏显示时，用轨迹球代替普通鼠标，操作起来就不容易疲劳。

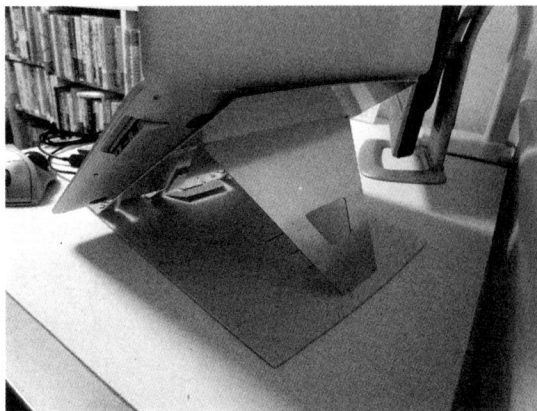

用电脑支架调整显示器高度。

可以一边在右边查找资料，一边在左边制作 PPT，使工作变得流畅便捷。假如只有一个显示器，光切换窗口就会浪费很多时间。

使用双屏显示时，普通鼠标无法将光标从一端移向另一端，因此推荐大家使用轨迹球鼠标。只要不停转动滚球便可实现操作，非常方便。

另外，如果直接在笔记本电脑上连接第二个显示器，两边的显示器可能不一样高。这种情况下我们可以**用电脑支架来统一显示器高度**，以使我们能正常地浏览左右显示器。

整理术 32

将办公桌面和电脑桌面都清理干净后再回家

　　我建议大家把所有东西都归零后再回家，这样可以让你回家后不再考虑工作，切断这个恶性循环。回家后满脑子仍是工作的事情，就跟精神不集中时还拖拖拉拉地工作一样，最终将一无所获。将工作上的压力带回家，从心理健康的角度讲也不好。因此，**下班后要很好地转换心情，把桌上的文件全部收好之后轻轻松松地回家。**

　　这个原则同样适用于电脑。有些人在电脑桌面上放很多文件，其实这和桌子上放满东西有着同样的影响，就是让你难以把工作的事情从头脑中抛开。

　　如果文件都直接扔在电脑桌面上，就必须记住每个文件都放在哪里。甚至，这个文件是最新的还是修改前的，是不是只有桌面上才有，不能删除的，这类信息你都不能忘记。虽然这些都是琐碎小事，但小事积少成多，最终就会占用大脑的记忆领域，从而导致工作效率降低。

　　要防止效率降低，就应该**在回家前把桌面上残留的所有文件都移动到其他地方。**最好移到我的文档（My Documents）等存放资料的文件夹里。我在资料整理术中介绍过 SugarSync，有在用的人可以直接将文件扔进 Magic Briefcase [1] 里。这里不用将文件勉强分类，只管往里放就可以了。此外，规范地给文件取名也可以防止文件丢失 [2]。

---

[1] 请参照整理术 09 "只要是文件就全部放入 Magic Briefcase"。
[2] 请参照整理术 03 "文件按'项目名＋文件名＋制作日期'的格式来命名"。

整理术 33

统一、简化工作环境

至此为止，我向大家介绍了统一环境的方法及其目的——让环境更简洁。

要统一环境，就必须制定一定的规则。如果没有规则，就不能在另外的地方重现相同的环境。而**统一环境的意愿会促使人们找出规则，开始重新审视到目前为止无意间创造出来的工作环境。**

回头想想，岗位变动、工作调动等物理性工作环境的移动也是一个促使大家整理工作环境的契机。因为在那种时候，人们会盘点自己曾经的工作环境，并尽量在新的场所重现以前的环境。

当然，除了带有强制性的人事变动外，我们还可以利用大扫除等机会来整理环境。所以希望大家在读完本书后，能尝试着去清点一下自己所处环境的规则。

意识到这些规则之后，我们还应该开始考虑：**这些在无意之间创造出来的规则是否正确？还有没有更好的规则？**也就是说，我们**有必要开始琢磨这些已有的规则。**

这个推敲琢磨现有规则的过程必将成为创造生存术的过程。下一些微不足道的工夫，抓住灵机一动的点子，就可以提高自己的工作效率，实现质的飞跃，从而孕育出崭新的自我。

对个人来说，通过意志改变自己是一件很难的事情，但通过改变环境、改变规则来变革自己则会轻松不少。

如果大家想改变一下自己，不妨从寻找环境的规则出发，在这一点上多下工夫，试着让自己变得更干练讲究吧。

第三章　信息整理术

管理时间轴与空间轴

整理术 34

扔掉书本，提高信息吸收能力

人体有新陈代谢的功能，旧的细胞自行毁灭后会排出体外，同时新的细胞生成，使人体保持鲜活的状态。这种功能一旦出现故障就会产生癌细胞。信息也一样，假如你不果断地及时扔掉旧信息，反而加以保管，那就等于拥有了大量的"癌细胞"信息。**毫不犹豫地扔掉旧信息，不断吸收新信息非常重要。**

正如资料整理术中我们非常重视"扔掉资料"一样，这里我们将着重介绍如何扔掉不用的信息。在这个信息大爆炸的时代，整理信息就意味着果断地扔掉垃圾信息。

其一就是**扔掉书本**。

一般人按照普通速度阅读书籍，书架上的书肯定会越堆越多。而书架

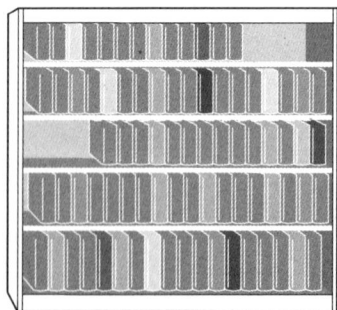

书架的剩余空间减少，就意味着新信息的存放空间减少。

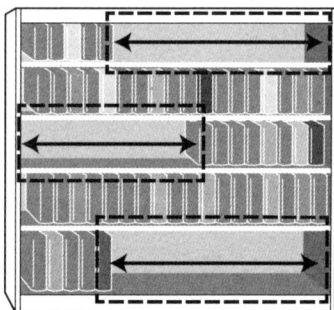

增加书架的剩余空间，给新信息腾出地方。

的大小是有限的，因此放书的地方就会越来越少。当你发现书架已被塞得满满的，自然会萌生一种想法："看来不能再这么没有节制地买书啦"，然后对书籍就越来越无欲无求。

本来大家这般年纪，应该像饥饿的人扑向面包似地啃读书本，吸收知识。现在却受书架大小的限制，不得不收起对知识的渴求心。这实在非常可惜，就如同正值生长发育期的人却没能摄入足够的营养一样。

这种情况下我们就需要用信息整理术，果断扔掉书本，原则与信息整理术一样——**"读罢即扔"**。遵守这一原则对那些酷爱书籍的书虫们而言恐怕是种折磨，但大家务必要坚持贯彻到底。

旧书一扔，书架自然也空了出来。屈指可数的几本书，空空如也的书架，看着看着你就会萌发买书的念头了。如此一来**书架便也开始了新陈代谢，旧书被淘汰，伸手触及的必然是新书了**[1]。

可能有些书你无论如何都想保留下来，那就用资料整理术中介绍过的 ScanSnap 扫描成 PDF 文件保存下来[2]。

平常不爱读书的人可以买个大点的书架，看到空荡荡的书架，就必然会有种想要填满它的冲动，这样自然而然就会养成买书阅读的习惯了。

---

[1] 给书架多一些剩余空间，就能吸收更多的信息，激发更多灵感。
[2] 请参照整理术 05 "扫描书籍，制作电子书架"。

整理术 35

写书评博客，制作数据库

　　一旦开始扔书，大家必然会产生一种想法："应该保留些笔记以防万一……"。越是好书，有用的信息就越多，以后就越需要不时翻阅查看。眼睁睁地看着这些有价值的信息被扔掉，心里不免觉得可惜。有人觉得只要把书留下就万事大吉了，这恐怕也不好。**我们应该以扔书为前提，给自己制造压力，强迫自己认真阅读书中的重要部分，做好笔记**，这才是上策。

　　如果书还在书架上，我们就会产生惰性，心安理得地认为"随时都能读到"，既不会认真做笔记，也不会强迫自己好好记住重要部分。直到非扔不可的时候，我们才会赶紧着手留下笔记。用扔书来给自己施压，也不失为一个提高能动性的好方法。读书笔记可以完全作为私人的东西，独自享用。但这难得的好东西"独乐乐不如众乐乐"，建议大家用一种可以与他人分享的形式记录下来。而且如果仅留为自用，恐怕看书时你只会囫囵吞枣，不求甚解。要将书本内容传达给别人，你就不会停留在模棱两可的理解层面上。必须认真阅读，并且吃透书中内容，才能写出清楚明了的笔记，因此这也是一种提高书本理解水平的方法。

　　你可以通过邮件将读书笔记发送给朋友，也可以通过社会性网络服务（Social Networking Services，SNS）与他人分享，我强烈推荐后者。反正这些读书笔记都是给朋友们看的，不必有太多心理负担，可以轻松一试。

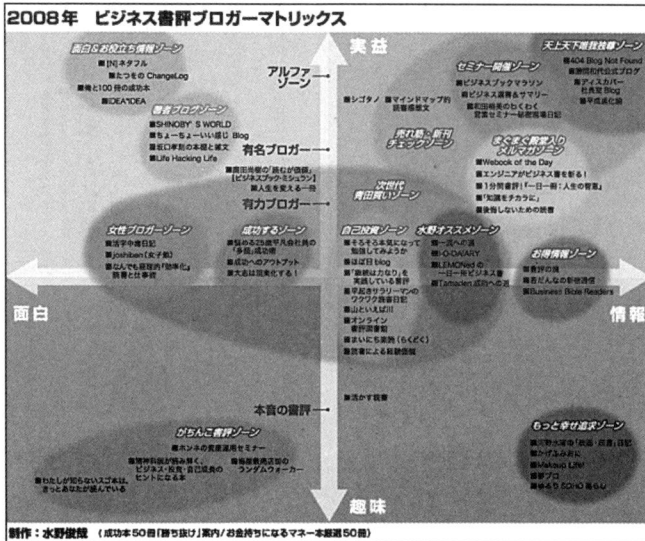

本图为水野俊哉先生制作的商业书评博主概况图，无数博客百花齐放，争奇斗艳。通向成功的捷径是尽量避开竞争，直接进入竞争较少的领域。

等读书笔记写到一定水准，建议你开个博客，与更多的人分享信息。
一旦有了提升自身品牌的意识，你就会更用心，博客也会逐渐聚集更多的读者，相信不久的将来博客就将成为一个巨大的财富。最近日本出现了"书评博主"的头衔，已经有人把这一头衔加进自己的名片[1]到处活动了。书评越来越多后，拿来与人交流也是个不错的主意，也可以像这样充分利用不同头衔来扩展人际关系。

因《50本成功书籍"制胜"之道》（光文社出版）、《似懂非懂的"法则"说明书》（德间书店出版）等书闻名的水野俊哉先生对书评博主的定位作了一些基础性整理。如此看来，书评博客也种类繁多。难得写了这么好的博客，博主们不如自己作个定位，然后结合一些市场战略来考虑今后的发展。

---

[1] 制作公司名片以外的名片能帮你快速扩展人际圈，请参照整理术85 "制作富有个性的个人名片"。

书评博主鹿田尚树先生名片上的头衔是商业图书专家（Business Book Expert），名片背面全是他的书评博客"阅读的价值"的相关信息。鹿田尚树先生是最大限度利用书评博客这一媒体的达人博主。

　　此外，在博客中介绍图书时你还能以亚马逊联属会员[1]的身份设置广告链接，这样你就能知道有多少人点击了博客，多少人购买你介绍的书。虽然联属会员收入甚微，但看到有人读了自己的介绍后去买书，多少还是会有些成就感吧，相信这样也能提高你写书评的热忱。

　　我们可以组合使用各种方法来提高自己的积极性，这个绝招不仅适用于书籍，也能用在各种信息整理工作中。

_____

[1] 联属网络营销是亚马逊书店 1996 年首创的一种网络营销模式，就是一个网站的所有人在自己的网站（称为联属网站）上推广另一个商务网站（称为主力网站）的服务和商品，并依据其推广实现的销售额取得一定比例的佣金。——编者注

整理术 36
加原创注释，将书籍变成信息数据库

关于怎样用 ScanSnap 扫描书籍，我们已经在资料整理术中介绍过了。难得扫描出来的 PDF 还附带文本文件，应该加以充分利用，方法就是**在 PDF 版的书里随意添加原创注释**。

PDF 软件 Adobe Acrobat [1] 有添加注释的功能。我想很多读者看书时都会在书上做些笔记，写写画画什么的，在 PDF 版的书中我们同样可以如法炮制。

在 PDF 中添加的注释与手写笔记不同，搜索起来更方便。因为是 PDF 版，你还无须考虑页面有多少空白的地方，想到什么，无论多少都可以放心大胆地写下来。有时，你写的笔记可能比原文还要多得多。

不断阅读，不断记录自己的想法，一部由你和作者共同创作的新书便渐渐破茧而出。如此一来，**读书就不再是被动的行为，而变成了一个与作者共同创作的过程，是一个很有创造性的行为**。

这招在写书评的时候尤为奏效。我们一边看书，一边在 PDF 中不断记下泉涌的文思。最后回过头来检查时，你会发现只要稍作整理，刚才记下的东西就能形成一篇完整的书评。由于**读书笔记兼具搜索功能**，你还可以马上从电子文档中找出想引用的部分，撰写书评就更得心应手了。

我们一边阅读，一边先用荧光笔在自己想做注释的地方做上标记。看

---

[1] 有时 ScanSnap 等扫描仪会自带这种软件。该软件单独购买非常贵，因此建议买扫描仪时最好选择带有 Acrobat 的。

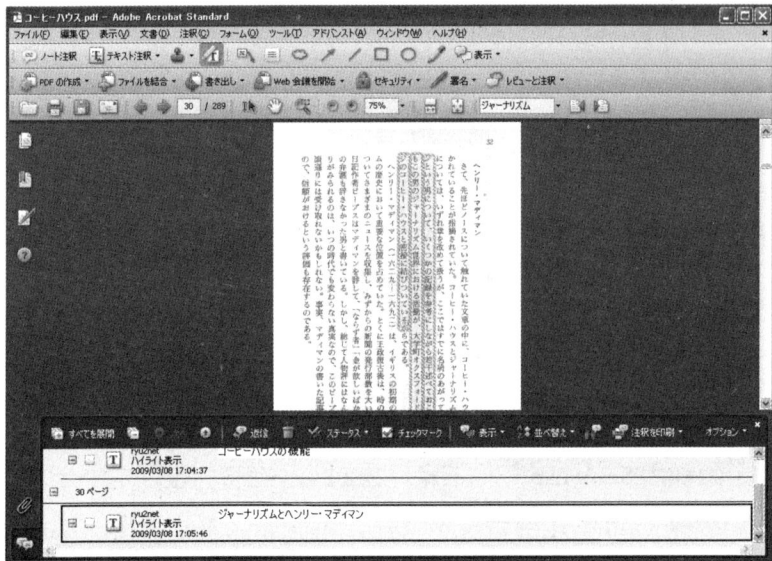

显示出"注释一览"后，带有荧光笔标记或加有注释的部分就一目了然了。以前那些只能阅读的书籍，现在摇身一变成了可以随时搜索信息的词典。

完所有文字后，选择显示"注释一览"，就能显示所有用荧光笔标记过的地方。接下来就可以在这些地方添加注释，记录自己的所思所想了。这些注释可以统一转换成 Word 文档，到了这一步，你的书评就万事俱备只欠东风了。

　　即使不写书评，也可以在需要用邮件向别人介绍某本书的时候，告诉对方一些有用的章节，相信对方会很高兴的。此外，除了写书评，制作企划书时随时记下想法也非常有用。

　　如果你打算从好几本书里分别摘一些信息，组合成一篇文章，有了这种搜索功能后，工作效率将大幅提高。当然，它的好处也不仅限于提高效率，这种方法还能使你不再错过重要信息，文章质量也会大大提高。有了这种注释搜索功能，**所有的书籍都能摇身一变，成为重要的信息数据库**。

　　阅读时，作为信息的接收方，你不再被动地接收信息，而成为加工信息的创造者，创造出更多新的价值。你的"信息加工能力"与"信息编辑能力"都能在这种记笔记和加注释的过程中得到很好的锻炼。

整理术 37

制作杂志文章数据库

不仅可以把书做成信息数据库，报刊杂志也可以如法炮制。

先说杂志。对待杂志，要遵循与书籍相同的原则，即读完就扔。要大胆地果断地扔掉。闲来无事时，再找本新的杂志翻翻，像平时喝水饮茶一样不断地吸取信息。不断地扔掉旧的报刊杂志，就能时刻保持"饥渴"的状态，就能产生一种想要不断摄入信息的饥饿感，这样才能进行新陈代谢。这就是"扔掉"原则的作用。

人们还会收集另一种信息。这种信息现在用不上，但以后可能要用，这种情况下**我们只要将自己认为值得保留的部分用 ScanSnap 扫描成 PDF 文档即可**。如果你有需要特别留意的语句，建议用荧光笔做上标记，便于以后查找。

杂志与书本不同，无须将所有需要保存的内容保存在同一个 PDF 中。书本的内容前后连贯，如果仅将一部分扫描为 PDF 存档，以后看的时侯可能会不知所云。**杂志文章或专题文章都相互独立，各不影响，因此可以放心大胆地扫描自己中意的文章。**

自从可以将报刊杂志都转为 PDF 存档后，我的杂志阅读量也与日俱增了，尤其是月刊杂志，连我本人也觉得非常惊讶。我并不期待周刊杂志报道的内容能有多深刻，但换成月刊杂志，即使报道的是一件事，相信内容也会更加丰富更加深刻。翻阅以后觉得有意思的，我就以 PDF 格式保存下来。我保存的这些 PDF 文档，能为以后我撰写杂志文章、采访、写书和制作企划书提供不少话题。**这些杂志文章的 PDF 就是珍贵的话题数据库。**

无论多么重视新陈代谢，如果对这些信息放任自流，不加管理，最终渴望吸取信息的热情也会逐渐冷却。但将这些信息 PDF 化并做成数据库后，你就能感受到这些信息真真正正地成了自己的武器，而这一成就感又能反过来促使你订阅更多的杂志。

我建议**大家定期订阅杂志。**杂志每个月都会自动送上门来，保证我们收集信息的速度。我现在订杂志用的是杂志网上书店 Fujisan.co.jp，它的好处是多种杂志的支付费用和变更住址等业务都可以统一进行。我辞职单飞时就是通过这个网站将送货地址从公司地址统一更改为新地址的，如果要一一更改每种杂志的送货地址，我就只有晕死过去算了。

★小山的杂志订阅名录（2009 年 5 月 1 日至今，仅限月刊杂志）

对内容不同的杂志，我尽量保持平衡。不再订阅某份杂志后，我会及时更换新的杂志。

·《大前研一通信》

在该杂志中，大前研一以其独特的视角对政治、经济进行分析，大前先生提出的数据是必须留意的。很多人即使知道数据也不知其意，而将数据背后隐藏的信息告诉我们的就是大前先生了。

·《哈佛商业评论》（*Harvard Business Review*）

该杂志云集了经营和商业的理念，书中插图很多，便于理解，相信其中有最多的企划书话题。

·*FACTA*

比周刊杂志更深入地分析政治、经济话题，还有许多报纸上没有的信息，可以扩展视野，使我们看问题更全面。

·《选择》

该杂志对我而言，与 *FACTA* 地位相等，其特点是更偏重于政治类话题。

·*Foresight*

该杂志从全球视角观察事件。与其他杂志相比，该杂志用更长远的眼光来看待发生的事件，会给你带来更多不同的视角和刺激。

·《福布斯》（*Forbes*）

基本上该杂志适合一边关注欧美动向，一边思考日本今后走势的人。

·*Voice*

这本杂志最适合想关注日本国内主流意见动态的人。

·*AXIS*

我为了关注设计、美术行业动态而订阅的杂志，乍看十分荒唐的切入点往往能给商业世界带来一些崭新的视角。

·*Cyzo*

该杂志包括娱乐界和亚文化的话题。杂志文章并不会停留在各种流行现象的报道上，而是深挖事件，对背后隐含的深层社会文化进行剖析，让人眼前一亮。

整理术 38

看报纸只记数字和关键词

我阅读报纸的机会越来越少了，因为论时效性，报纸远逊于网络，而论报道内容的深度，我认为还是阅读月刊杂志收获会更大。

即便如此，报纸还是有其价值所在，即**信息的权威性**。许多错误的信息在网络上肆无忌惮地传播，估计是因为大家认为"以后想改时随时都能改"，便放松了警惕。而报纸需要印成白纸黑字，还需要耗时耗力邮送，不允许轻易更改，所以比起网络媒体，更需要事前确认万无一失才可刊登。也正因为如此，**"某某报纸如是刊登的"信息才有了说服力和权威性**。

数字尤其容易出错，相信报纸编辑都会认真仔细地核查。网络上的数字信息出错的可能性非常大，而**来源于报纸的数字，大家就可以放心引用了**，相信这也是报纸公信力高的原因吧。

我们可以将报纸的公信力充分运用到商业行为中，比如制作企划书。即使企划书本身没有变化，只要引用的数据来源于报纸，相信整个企划书的说服力也会更胜一筹，结果可能就是你的企划书更容易通过。因此从**"附加信用"**的角度而言，报纸还有很大的利用空间。

要利用报纸，相比于每天订阅报纸，能搜索旧新闻的网络功能更为实用。日本的**雅虎新闻报道历史搜索**服务能免费提供主题搜索，如果想阅读文章内容，每月花 1890 日元就能搜索《读卖新闻》、《每日新闻》、《产经新闻》这类全国发行的新闻类报纸，和《日刊体育》、《体育日报》、《体育知报》等体育类报纸。如果你想备份一份报道以防万一，雅虎的这个服

雅虎新闻报道历史搜索

虽然只有两年内的报纸，但每月只需 1890 日元，就能随便搜索全国发行的三大报纸（《读卖》《每日》《产经》）。这里也有体育报纸，《日刊体育》、《体育日报》、《体育知报》同样只需每月 1890 日元就可查阅。

务绝对方便实用。

搜索杂志文章则可以使用 **@nifty 的报刊杂志文章历史搜索**[1]。日经 BP 社发行的杂志、《周刊东洋经济》、《周刊钻石》等过期刊物都可以在此查看。该网站不是包月收费，而是按照查找件数收费，所以根据需要使用即可。日本雅虎历史搜索服务保留着两年内的新闻报道，@nifty 则保存了 20 年的过期刊物，特别适合查找年代久远的文章。

书籍和杂志还没有类似的数据库服务，得自己动手丰衣足食，扫描成 PDF 版加以保存。新闻报道有此类服务，则无须重复劳动了。但这样会让人觉得没有订阅报纸的必要，总觉得有点讽刺……

不过，这类服务如果找不到想找的报道，也没什么意义。因此**有必要把握关键词，以确保搜索时能有的放矢，万无一失。**

---

[1] http://www.nifty.com/RXCN/，日本网站。——编者注

@nifty 的报刊杂志文章历史搜索
该网站适合想要定点搜索的用户。
费用是按件数收取，最适合想要定
点搜索几篇报道的人。并且杂志最
老日期到 1984 年 8 月，你可以搜
索过去 20 年内的文章，特别适合
用于所搜年代久远的报道。

　　如果你已经知道自己想找的新闻报道，建议先用搜索引擎搜索一下，
需要阅读全文时再进行历史搜索。越是大新闻，转载的网站就越多，就会
有很多地方留下相关报道。

整理术 39

用 Technorati [1] 和 "Hatena 书签 [2]" 搜集连上司都不知道的信息

从报刊杂志收集到一些关键词后，对它们进行二次利用能得到更多的信息。这种二次利用就是用 Technorati 进行搜索。该网站的主要功能是搜索博客，其特点是即使刚刚更新完毕的博客也能很快搜索到。说到搜索引擎，相信很多人都用雅虎。但雅虎搜索到的结果往往是好几个小时前的信息，最新的博文要几个小时后才能搜到。所以，**Technorati 可以理解为搜索最新博客信息的工具。**

大家可以用博文标题来试试 Technorati 是否好用。无须考虑太多，只要找个标题搜一搜，就能知道这个工具的好坏。一经搜索，你就会发现但凡是热点问题，就会有人在博客里评论一番，而且很可能会搜到几篇内容不同的文章用同样的标题。总之，**通过 Technorati，我们能读到不同角度的意见，使我们对同一事件的理解更加全面和立体。**

如果一时想不起关键词，也无须担心，Technorati 能使这个问题迎刃而解。Technorati 像新闻网站一样，会列出最近热门的关键词供你参考。iPhone 上市当天就能在 Technorati 上搜到许多关于 iPhone 的信息，许多没

---

[1] Technorati，著名的博客搜索引擎，由戴夫·西弗里 (Dave Sifry) 设立于 2003 年 7 月，总部位于美国旧金山。——译者注
[2] "Hatena 书签" 是日本一种免费的网络书签服务，可以对网页链接（URL）进行保存、管理和共享，可以超越空间，实现网页书签的异地使用。——译者注

我一般用 Technorati 搜索新博文，这样就能搜到最新的话题。在此搜索商品名或某个公司，能从搜索结果中了解到大家对该商品或公司的评价，或使用者的一些反馈信息。

有上报刊杂志的网络热点话题，Technorati 也会在第一时间列出关键词供大家参考。所以，**只要经常逛逛 Technorati，就能获得当下热门话题的关键词**。

从 2ch [1] 搜集最新信息也是一个不错的办法。只是 2ch 上充斥着太多的 ASCII 艺术 [2]，拜这些毫无意义的符号所赐，大家不得不费九牛二虎之力才能淘出重要的信息。与此相比，到几经梳理的博文中搜集信息更有效，所以强烈推荐专用博客搜索工具 Technorati。

此外，再向大家强烈推荐一个网络书签(Social bookmark)服务 **"Hatena 书签" 来搜集最新信息**。该网站能让用户共享书签，比机械性搜索更能有效地发现重要信息。只要给网页加书签时都加上标签（ tag ），以后用标签便可限定范围快速搜索信息。

---

[1] 2ch，二频道，日本点击量最多的网上论坛。——译者注
[2] ASCII 艺术又名文字图，这种主要依靠电脑表现的艺术形式是指使用电脑字符（主要是 ASCII 码）来表达图片，可以由文本编辑器生成。最简单的 ASCII 艺术由两三个字母组成，使用文本表示表情。——译者注

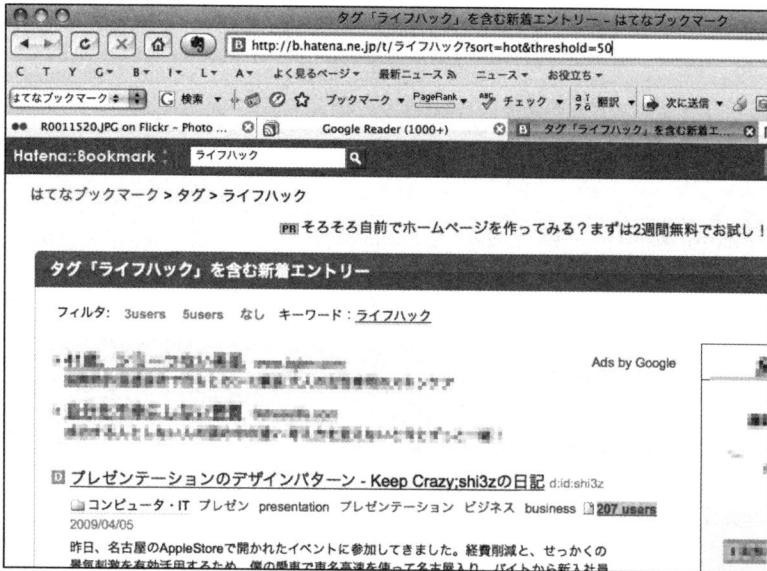

这些书签都是大家普遍关注和认可的，其中许多信息都很有价值。但由于最近这类书签太多，实在看不过来。搜索时加上"50 个以上用户添加为书签"的条件，就能大大提高信息质量，这点工夫还是有必要花的。

我就经常阅览标记为"生存术"的书签，如果别人将他们认为是"生存术"的博文加上标签，我通过这个标签就能搜集信息，这样能集思广益。

但最近书签数量与日俱增，不是一天就能全部看完的。要解决这个问题，我向大家介绍另一种整理术，利用 URL 来缩小范围。在 URL 最后加上"?sort=hot&threshold=50"后，就能搜索出被 50 个以上用户加上书签的博文。如果加上"?hot&threshold=100"，则能搜出被 100 个以上用户加上书签的博文。只要灵活地调整数字，**搜索结果就会只显示评价高、具有参考意义的博文了**[1]。

---

[1] 这个方法是我的读者 haru 告诉我的。

整理术 40

用 RSS 阅读器自动收集信息

许多网站都提供 RSS 信息，只要事先订阅到 RSS 阅读器的频道中，就能及时得知最新信息。我们需要做的就是每天打开 RSS 阅读器，阅读有用的信息。**每天，信息大餐会自动送到你面前，只要饭来张口即可。**

能订阅到 RSS 上的首先是博客。名人博客、意见领袖（Opinion Leader）的博客等，只要发现喜欢的博客都能马上订阅到 RSS 上。**不假思索"马上登录"这一步非常重要，深思熟虑反而不好。**

如果使用的是 Firefox 浏览器，能订阅 RSS 的网站就都会在地址栏出现 RSS 图标。只要轻击 RSS 图标，网页就能立刻订阅到 RSS 阅读器中，不费吹灰之力即可添加 RSS 频道。

另外，我建议大家将"Hatena 书签"添加到 RSS 频道中。所谓网络书签，即所有用户共享网页的书签。将网页添加到书签时，还可以加上标签，这样**就能将加了标签的网页订阅到 RSS 中**。假如你对生存术感兴趣，就能订阅所有标有"生存术"标签的网页。如此一来，所有标有"生存术"标签并添加到书签中的网页就能每天自动发送信息给你了。

等订阅网页增加到了一定数量，接下来要做的就是分类整理了。相信大家已经注意到了，虽然是随意添加订阅名单，但 RSS 信息本身会自动做一些简单的分类。虽然这些内容都是你感兴趣的，你可能也都了如指掌，**但经过人工分类整理后，相信你脑子里的脉络会更清晰**。我的分类就包括"好友""作者""Creative Design""市场营销""生存术""iPhone""经

图为按不同类别分类的 RSS 阅读器。

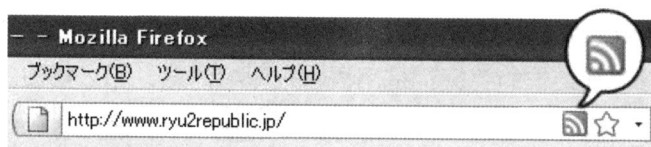

在 Firefox 浏览器上订阅 RSS，只要点击 RSS 图标就可以了。减少订阅的流程非常重要。

营、经济学"等。

如果不再阅读的 RSS 信息不断增加，我就会**"毫不手软地解除订阅"，这一步也不容许有半点犹豫**。信息的新陈代谢至关重要，一旦没用就应立刻舍弃，这样才能源源不断地吸收更多新的信息。

整理术 41

缩印插图，制作专属于自己的词典

数据资料整理术讲得够多了，这一节向大家介绍与数据相对的模拟信息（analog）整理术——缩印插图，制作自己的词典。

通过视觉将信息传递给读者的杂志一类媒体，尤其会用到许多关系图、年表等插图。插图是一种高浓度信息媒介，**能将许多难以言表的复杂信息用视觉方式瞬间传递给读者。**

如果说报刊杂志的关键词是用语言来压缩信息，那么**插图就是用视觉信号来压缩信息。**学生考试时都靠教材里的插图来回忆内容，相信大家都有这样的经历，可见视觉图像的信号更强，记忆更深刻。

但当我们要用插图时，却很难搜索到。现在的网络搜索系统基本是以语言为基础的，插图却是视觉信息。用语言搜索，有时很难找到合适的图片。有时即使找到了带图片的文章，却发现图片被省略掉了，结果总是不尽人意。从这个意义上说，插图还是复印保存比较好。

要保存整篇文章很占空间，只保存图片则不会太占空间，**缩小 50% 就更节约空间了。**插图是视觉信息，即使大幅缩小也不会影响我们对信息的把握。

只要把这些插图贴到 Moleskine [1] 笔记本上，就万无一失了。Moleskine 笔记本的封面做工精良，非常耐用，触感也很好，最适合保存插图、记录

---

[1] 意大利笔记本品牌。——编者注

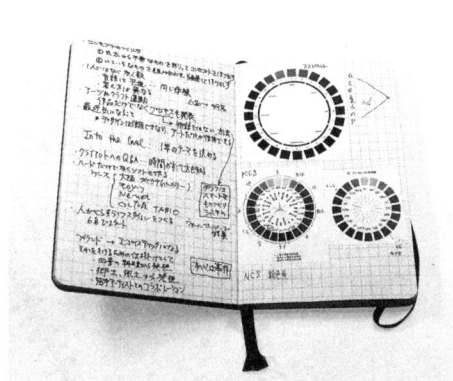

Moleskine 笔记本不仅可以记笔记，还能贴各种插图。只是 Moleskine 笔记本比较高档，会在无形中提高信息收集的成本，所以我都用普通笔记本来收集原始信息。我打算将比较常用的信息摘取出来，贴在 Moleskine 笔记本上，但还没有开始执行。

笔记和点子。用 Moleskine 笔记本收集有趣和有用的信息，制作自己的专属词典，这对于信息整理也同样有效。

但从信息收集的角度而言，零散存放肯定不如集中保存，所以最近我开始大量购买 100 日元的笔记本来贴插图。如果是高档的 Moleskine 笔记本，我们总会想"这种插图没必要贴进去吧……"。换成 100 日元的便宜笔记本后，大家都会毫不犹豫地往上贴。100 日元的笔记本便宜，用起来也没有经济和心理负担，收集信息就更加得心应手了。

要自动化地处理信息，就应当尽量避免这种复杂的判断程序。"这信息值得往 Moleskine 笔记本里贴吗？"，这种价值判断会使工作变得极为难办。**还是买 100 日元的便宜笔记本更省心，制作出来的专属词典内容也更充实。**

为了以防万一，建议你还是像资料整理术一样，别给信息分类。正如普通词典包罗万词，用笔记本自制的词典与其用拙劣的方法分类，不如海纳百川，将自己感兴趣的内容统统收集在一起。从整理的角度看这样做比较好，从创造性的角度看亦然。有人说新点子就是在已知信息的重新排列组合中诞生的，所以**将所有信息统统塞进自制词典，就可能会有空前绝后的新组合诞生。**

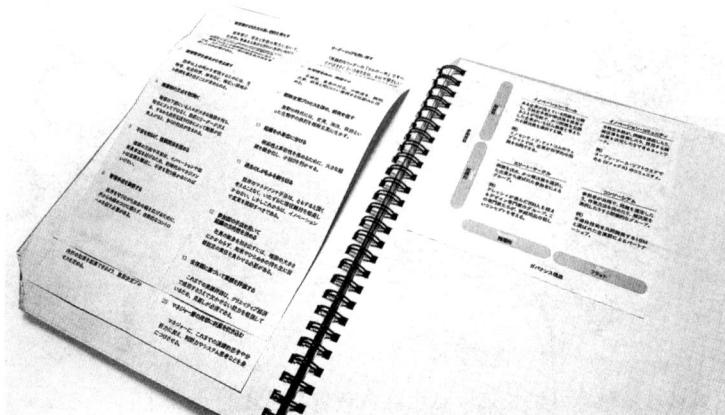

用普通笔记本贴插图，可以大大降低成本，也无须为插图的取舍而烦忧，只管贴上就可以了。我们可以从收集到的插图中摘取出平时常用的，复印粘贴到 Moleskine 笔记本上。将自制词典分为收集信息和摘取信息两个步骤，我认为还是很有意义的。

整理术 42

将图书目录贴到笔记本上，制作图书数据库

除了插图，还有一种模拟信息整理术，即**缩印图书目录，贴到笔记本上**。

扫描图书的整理术不仅需要扫描仪的硬件支持，也耗费不少时间。对于非常重要的书籍，无论扫描起来多麻烦也值得，仅供参考的书籍将目录复印下来就可以了，当然你也可以扫描。

自从开始保存目录，我才越来越认识到目录何其强大——整本书的内容都能浓缩到寥寥几页之中。目录的感觉很像电影预告片。看过的电影，

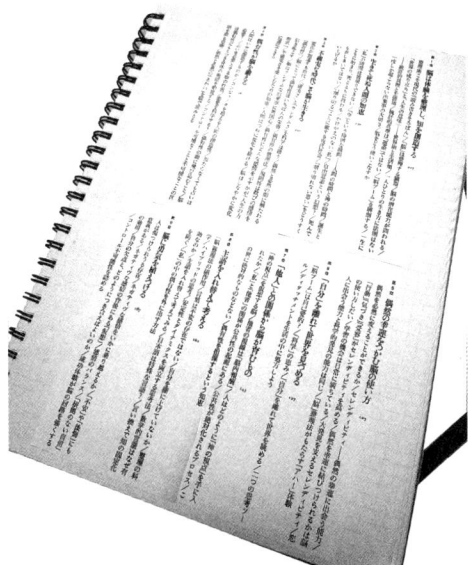

贴在笔记本上的图书目录。只要读过一遍书，看着目录就能回忆起书中的文字。有了目录，要参考这本书也很方便。

只要观看预告片就能重新唤起看电影时的感动与兴奋。而当我们翻开书页，一行一行扫过目录，书中的内容就能全部浮在眼前。越是好书，其目录所涵盖的内容就越多，**只要看着目录，我们就能获得许多灵感。**

其实，在整理信息的同时你也整理了自己的思路。一本书承载着大量信息，将这些信息转化为简短明了的语言，整理成目录，反而能给人更强烈的冲击，留下更深刻的印象。

至于如何将目录贴到笔记本上，我建议不要另行制作图书专用笔记本，贴在**普通的工作笔记本就可以了**。如此一来，我们就能知道这本书是做哪个项目时阅读的，也能对照当时的情况，把握事情的全貌。我们肯定是对某本书的内容感兴趣或有其他缘由，才会阅读这本书的。将目录与阅读时的相关信息保存在一起，相信我们能更充分地利用书中的内容。

如果不留下目录复印件，直接把书放回书架，估计以后接触这本书的机会就很少了。将目录贴到笔记本上，翻开笔记本就会看到，总还能接触到。**我相信这种瞬间的接触必定也能擦出灵感的火花。**

整理术 43
用手机邮件和 Evernote 记电子笔记

前面我们讲到的信息都是需要长期保存的，以后需要时再取出。长期保存信息要先做好索引，这样需要时才能立刻取出。这也是我主张将信息 PDF 化，并从新闻报道中摘出关键词的原因。

也有只须短暂记忆的信息，**这些信息可以作为短期记忆来保存**，比如汇款时需要的账号、金额，不值得存入手机通讯录的电话号码，购物清单，别人拜托的一些小事等。这些短期记忆不必用 PDF 格式保存，但需要时如果想不起来也会很麻烦。

我想许多人可能都是用报事贴来解决这个问题的。记在报事贴上，贴到显眼的地方，这样就不用担心会忘记这些短期记忆。为了以防万一，我会把这些报事贴都贴在笔记本上，以免丢失。

这个办法的确很管用。只要有笔和报事贴，我们就能随时记录，需要查看时也能马上查到，绝对比电脑记录要简单方便。但这个办法也有缺点，即**手工记录不仅费时费力，还容易出错**。

假如别人发来的汇款信息原本是正确的，却被你粗心大意地抄错了，这就有点讽刺了。将邮件打印出来固然也不错，但为了这么点信息，还得花钱买纸打印，实在很不值得。

要解决这个问题，我建议将邮件转发到手机邮箱中。**这样既无须印刷，也不用手工抄写，就不会出错了**。手机可以随身携带，就能随时查看信息。如果将图像或 PDF 以附件的形式发到手机上，虽然打开时画面比较小，可能看不太清楚，但也可以备份图片和照片。

　　如果你用的是 iPhone 手机，推荐你使用 Evernote。在电脑上将信息传到 Evernote，就能与 iPhone 的 Evernote 应用软件联动。由于信息是保存在网上的，只要连上网络就能查看信息了。图片和 PDF 也同样适用。只要申请开通相关服务，每个月花一点钱就能兼容 Word 和 Excel 文件。如果你用的浏览器是 Firefox，添加 Add-on 后，只要点击一个按钮就能完成 Evernote 任务 [1]。

　　通过手机或 Evernote 来提高短期记忆能力，会给工作和生活带来很大的变化，能处理的信息量和工作量都会大大增加。这些工具能使大脑中负责短期记忆的区域得到放松，从而使你能集中精力处理手头的工作。**如果你为"工作起来好花时间"或"工作效率总是提不高"而苦恼，只要开始使用短期记忆辅助工具，就能事半功倍了。**

安装完 Evernote，浏览器上会出现快捷按钮。只要选定需要截取的部分，点击按钮就能将之保存到 Evernote 中。（图为 Firefox 浏览器）

---

[1] Evernote 最强大的功能是文字识别功能，能自动识别照片一类图像中的文字，还能进行搜索。

在电脑上截取的的信息也可以用 iPhone
查看。可以随意记录外出时的地图和联
系方式等需要再次查看的信息，然后用
iPhone 查看。作为短期记忆的辅助工具，
iPhone 能带给你很多便利。

整理术 44
在微博上写生活日志

如前文所述，通过将书本、新闻报道 PDF 化和检索文章的方式，我们可以"读罢就扔"来整理信息。不仅获取信息可以用这种方法，输出信息也可以如法炮制，实现"随时记录"。**微博就是因其"随时记录"的强大功能而闻名于世的。**

140 字的字数限制改变了交流的质量。有些信息非常短小，不能成为一篇博文，但可以用语言片段的方法写写看，这样能让我们随时回顾生活的一点一滴。

微博集 140 字上限的微型博客与社会性网络服务（SNS）功能为一体。平时自己写一些自言自语的话，积少成多，再通过关注他人或被他人关注，实现网络用户间的互相阅读，从而及时了解网友的各种动态。

早上起来打开微博，就会陆续看见关注对象写的"早上好"、"起床了吗"等消息。之后还会有各种各样的消息传来：上班路上的混乱场景、工作的情况和午餐吃的东西，如果突发雷雨，还会有"新宿下雨啦！"的天气报告。

前阵子，在世界棒球经典赛（WBC）举办期间，微博也大受关注。虽然决赛那天我正在泰国，但看微博就像在看实况转播一样，观众们的兴奋心情也通过评论传达了出来。这都让我产生了一种错觉，仿佛正和大家一起在体育酒吧里欢呼雀跃。

此外，微博还可以实现的一项功能是生活日志（Life Log）。相对于博客适于记录网络文章的特点而言，微博的特点是适于记录生活的一点一滴。由于是实时记录，以后回顾往事时，我们就能回忆起自己度过了怎样的一天。且不说记下日常生活中的一些小发现，日后可以作为参考；有时我们还能从别人的记录中找到灵感，**感觉自己的人生扩展了两三倍**。

我们既可以在微博上回复别人的日志，也可以在发布"不知道某某事情的做法"后得到别人的热心帮助。这会使人产生一种感觉，好像与别人有了一种异于日常生活的、新的联系。

顺便再介绍一下微博很早前就有的一项功能，这项功能带给我前所未有的乐趣。之前大家基本上是用电脑写微博，即便说些什么，总还是在电脑上工作。但 iPhone 的出现改变了这种状况，使用 iPhone 后，记录的信息变得多样化了。

用微博的"附近"功能，你就能收集到附近信息，实在是非常有趣。前面提到的突发雷雨，还有火车延误、活动现场报道及用餐聚会情况等最新的信息都是从第一线发出的。前段时间我去冲绳旅游，在微博上说了旅游目的地，随后便收到"去那里很好哦"之类别人回复的旅行建议。**将网友间相互交换的实时信息原封不动地存留下来，聚沙成塔，聚石成山，就是一部名不虚传的生活纪录片。**

整理术 45

增加 GPS 定位功能，收集整理信息

GPS 定位功能也是非常重要的信息整理索引工具。

iPhone 的 Mobile Fotos 应用软件可以在网上检索到别人在附近拍摄的照片。微博用来收集文字信息，Mobile Fotos 则用来收集照片。在旅游景点等很多地方，我们可以用它来欣赏当地一年四季不同时间的风景照片，真让人有穿越时空的感觉。

为了与 Evernote 定位功能相适应，iPhone 还提供了发布信息后文字和声音文件的定位功能，以方便过后确认信息是在哪里发布的。

不仅 iPhone 如此，Mac 电脑的 iPhoto'09 画像管理软件也有定位功能。我们可以用照片拍摄地点进行搜索，也可以在地图上用针形图标标出拍摄地点。

我曾在讲资料整理术时向大家强烈推荐按时间顺序搜索的方法，**这里讲的方位信息搜索也是信息搜索的一个重要方法。**

让人遗憾的是，支持定位功能的工具还不太多。虽然 iPhone 和其他手机大多有这种功能，但能拍摄高清照片并录像的数码摄像机或数码相机目前几乎都没有这种功能。再者，就算好不容易找到一些有定位功能的工具，可以利用这种定位功能的应用软件也极其少。但我相信这些工具和软件今后肯定会越来越多，大家先暂时忍耐一下。

增加这种定位功能后，就无须特意花时间来整理信息了。用 iPhoto'09 整理照片时，我们可以直接整理出拍摄地点，就不用再花工夫去创建一个

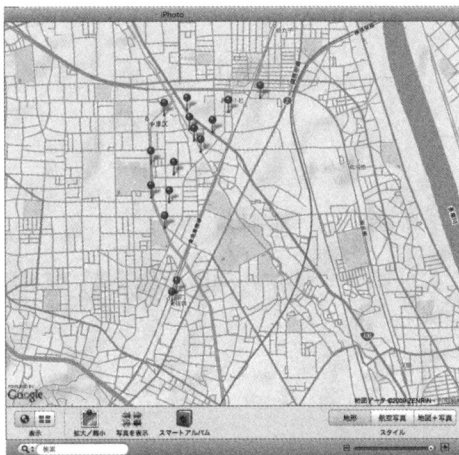

Mac 电脑的一款应用软件 iPhoto 可以定
位搜索出之前拍摄的照片，还可以用针
形图标标出拍摄地点。

名为"某地旅行"的文件夹来存照片了。

　　而创建文字文件时，不仅创建时间可以保留，就连创建地点也会存留
在记录中，这样，过后我们就能轻松查到"在那个咖啡店工作时创建的文件"
或确认"在出差地点修改的内容"。在此基础上，**再配套使用时间整理术
的话，我们就能看到整理这一行为退出历史舞台的那天了。**

整理术 46

充分使用标签来整理信息

　　对于图片，我们不仅可以通过拍摄地点进行整理，也可以通过图像识别进行整理。前面我介绍了 Picasa 等图片共享软件，这些软件现在可以通过面部识别来自动整理照片。让电脑记住某人的面部特征后，电脑就会给有他的所有照片加上姓名标签。如果合照的人很多，电脑就会自动加上这

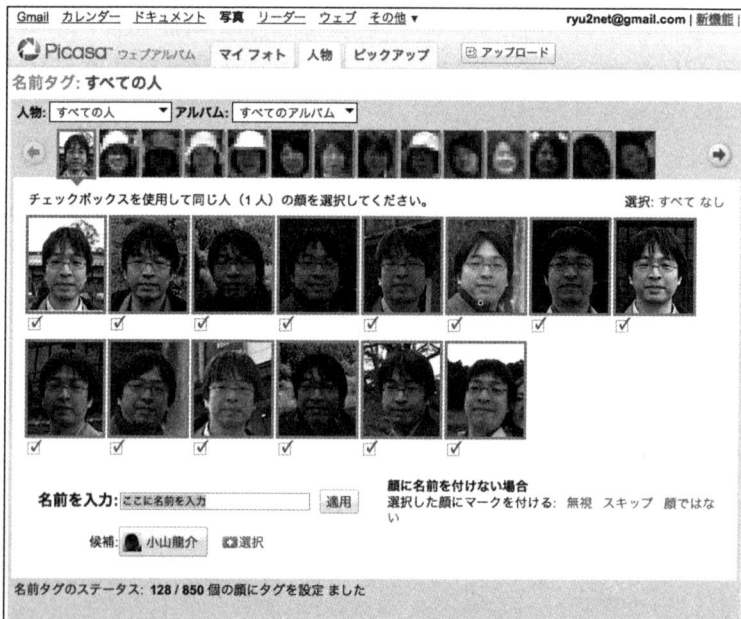

Picasa 网络相册具有面部识别功能。可以通过自动识别照片中人的面部来添加姓名标签，从而进行整理。

立教大学商讨会

会谈　　立教大学　　商讨会　　leadership

Source URL

Helvetica　　X-Small　　　B I U

立教大学经营学部　课题
5/19　13:10−15:00
6/30　13:10−15:00

·一年级的学生需要学些什么？
　改进方法
　　　——逻辑树
　　　——信息收集（听取）

设定限制条件，发散思维

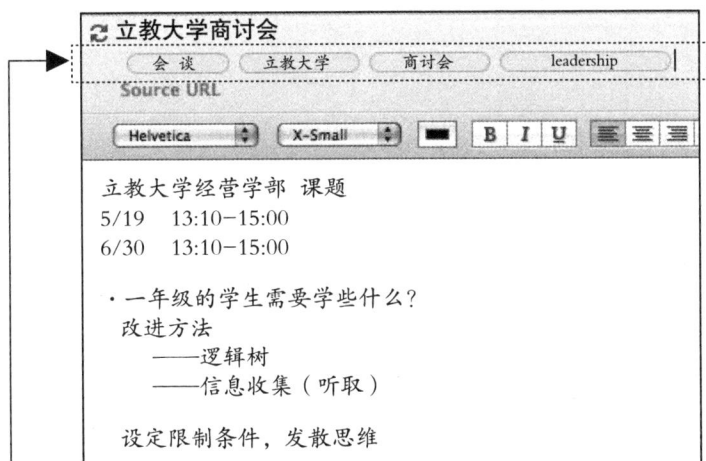

Evernote 的笔记是通过标签进行管理的。比如这个笔记，我添加了商讨会、立教大学、研讨会、Leadership 等标签。无论通过这些标签中的哪一个，我们都可以查到这条笔记。

些人的姓名标签。

　　这种"标签"功能以后会成为非常重要的信息整理方法。到目前为止，我们都是将文件放入文件夹来进行管理，但这样一来，文件就必须放进某个特定的文件夹。像这种好几个人合照的照片，我们就无法判断究竟应该放入谁的文件夹。如果同时放入多个文件夹，又会制约文件夹的管理。

　　这时你需要的就是标签管理。**我们可以给一个文件添加多个标签，从而实现灵活的信息管理**。

　　Evernote 就可以用标签来管理信息。Evernote 管理的并非文件夹，而是标签。它可以针对笔记内容添加多个标签，以此整理笔记。

　　除此之外，前面介绍的 Technorati 和"Hatena 书签"也可以进行标签整理。博文和书签数量很大、种类繁多，用文件夹整理非常困难，就可以添加多个标签来灵活整理。

整理术 47

用 1.5 倍的放映速度看电视

　　说到信息资源，一定不能漏掉电视。虽然现在我基本不看电视了，但还会将重要的节目录下来看。特别是"坎布里亚宫殿"、"专业／工作的作风"等经济类访谈节目，我们不仅可以从中了解到许多企业经营者、商务人士及各界活跃分子的情况，也可以感受到他们的风姿和气质，因此我一直非常期待每期节目的播出。

　　如果按正常速度看录像，可能要花整整 1 个小时的时间。虽然中间可以跳过广告，相对缩短一些时间，但如果你想用更快的速度看完录像，就可以用 1.3 倍或 1.5 倍的速度放映。一般来说，快放之后声音不容易听清，但有一种功能可以处理声音，让你在声音清晰的条件下以 1.5 倍的速度快放。

　　使用这个功能后，1 小时的节目理论上只要 40 分钟就能看完。再跳过广告和节目的前后部分，差不多 30 分钟就能看完了。**用一半时间看完同样的内容，信息浓度也会随之翻倍。**

　　可能会有人担心快放跟不上话题，但尝试后你就会发现其实没有任何问题，对话内容都很清楚明了。从另一个角度看，我们也会发现一般的访谈节目是以多么缓慢的语速在交谈。为了让大家都能跟上话题，电视节目中对话的速度要比平时慢一些，不仅访谈节目如此，新闻亦然。因此，**即使用 1.5 倍的速度快放，也完全可以听清内容。**

　　我们也可以用这种方法看体育转播。看足球比赛的录像时，可能慢慢欣赏决胜时刻的到来才是最大的享受。如果跳过中间部分，乐趣就会减少一半。虽说如此，要全程观看比赛，就会花掉整整 90 分钟的时间。但用 1.5 倍的速度快放，就可以在短时间内一览比赛全程了。

我认为这样做有两个好处：既可以缩短时间，也能提高短时间内信息的接收和理解能力、增强头脑的灵活度。我经常感觉自己**看快放的节目比用正常速度观看更能集中精力，专注于吸收节目的信息**。

演讲等 DVD 用 1.5 倍的速度快放，也能提高观看的效率。快速观看有时反而能准确把握住演讲的精髓。

整理术 48

用会议记录 Extreme Meetings，提高会议效率

讲信息整理术时，还应该进一步谈谈团队内部信息共享的问题，因为实际工作中一个人死抱着信息的情况很少，团队成员一起加工、共享、活用信息十分重要。

其中，**能获取实时信息的商讨会是成员之间共享信息的重要场合。**

但难得的商讨会却没有好好留下会议记录的情况很多，这不仅因为制作会议记录非常费工夫，而且大家一般会认为商讨会的内容自己大概都理解了。实际上，对商讨会的内容不够理解的情况很多。

这里要向大家推荐的，就是在开会过程中制作会议记录的"会议记录 Extreme Meetings"。等会议结束，会议记录也制作完成，可以用邮件发给全体参会者了。也就是说，不是在会议后整理会议记录，而是**在开会的同时制作会议记录。**

操作起来非常简单。准备一个全体参会者都看得见电脑屏幕的大号显示器或投影仪，就可以开会了。记录人员总结参会者的发言，立刻输入电脑。参会者可以一边看电脑屏幕，随时指出会议记录中的不足，一边开会。最后，全体参会者都理解的会议记录就做好了，会议也可以结束了。

首先，很重要的一点是会议记录可以呈现讨论的流程。将容易分散的讨论加以总结，**相比之下可以大幅度缩短商讨会的时间。**另外，会议记录是在不断征求大家意见的同时制作的，**过后就不会再有"当时说的不一样"等理解和解释上的分歧了。**将做好的会议记录用邮件发送给大家，"当时

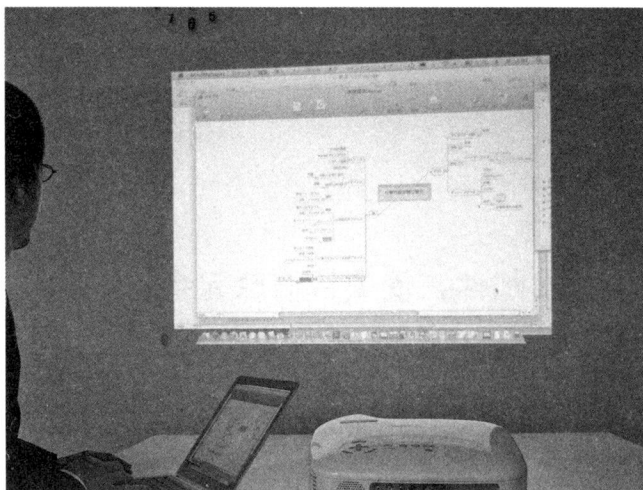

用投影仪将电脑屏幕放大，即时制作会议记录。会议一结束，一篇漂亮的会议记录便新鲜出炉了。

究竟有没有说过"一类无休止的争论也就消失了。

　　说到制作会议记录的应用软件，**如果是"头脑风暴"**（美国创造学奠基人奥斯本发明的集体思考法，一般有4~6个人），我会用一个叫Mind Map 的软件，因为这个软件能方便并准确地将游走在各个方面的讨论记录下来；**如果是与会者分别作报告的会议，我会事先将要作的报告保存在文档里**，也会在会议开始前将其他人的报告先输入电脑。这样，会议开始前就完成了80%的会议记录，另外20%就留到会议中的讨论阶段。

群发邮件，使项目信息冗余化

进入数字信息时代，信息即便重复也不会造成太大的问题。纸质文件如果有同样的两份，就会占据一定的空间；数字信息则不会占据物理空间。因此，同一份文件即使团队内部人手一份也没有任何问题。不仅如此，这种方法反而可以作为**防止数据丢失的安全网**。

换句话说，在用电子邮件等数字方式交流的时代，同一份资源被多个成员共享，可以降低数据丢失的风险。

这种为了安全起见而备份多份文件的做法，就叫**冗余化**。如果我们只有一台服务器，该服务器一旦出问题，整个工作可能都会陷入瘫痪状态，因此我们会增加一台服务器，以备不时之需，这叫作"网络冗余化"；用两个硬盘存放同样的数据，这是"存储冗余化"；将同一份文件发给多个成员，这种数据的"冗余化"可以使团队运营更加安全稳定。

冗余化不仅适用于文件，也适用于团队成员之间的对话、与其他公司人员的对话。

具体来说，可以**将团队所有成员的邮件地址都添加到一个联系人组，使团队内的所有邮件都可以同时发给全体人员**。即使是给团队中某一个成员的信息，也一定要群发（为防止团队成员看漏邮件，建议大家在主题一栏注明"某某先生／女士：关于企划书的制作"等字样，标出对方姓名和主要事件）。

与其他公司人员的往来邮件也可以抄送给联系人组。这样一来，团队

用群发邮件来进行团队
内部沟通

与其他公司人员的邮
件也通过抄送共享

抄送（Carbon Copy，CC）

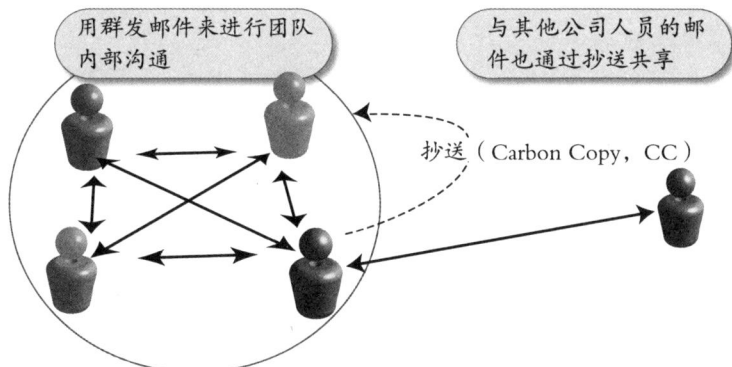

· 高密度的交流可以加强团队成员之间的联系
· 无须说明也能使所有团队成员把握项目的进展

全体成员都清楚谁在负责什么事情，现在进展如何。万一发生紧急状况，谁都可以代替负责人继续处理。

即使有人辞职了（虽然我不太愿意设想这种情况），其他人也可以通过之前的邮件把握项目的基本情况，从而迅速接手工作。或者不是辞职，有人休长假或产假时，我们也可以轻松应对。这样，**即便有人从团队中离开，也不会出现大问题，这与提高团队的组织能力息息相关。**

要让一个组织系统永不停止，持续保持稳定的运行，信息冗余化就必不可少。

整理术 50

按金字塔原理写邮件

通过群发邮件的方式使信息冗余化必然会增加信息量，虽然习惯后可以游刃有余地处理这类邮件，但处理邮件带来的工作负担并没有丝毫的改变。要使邮件容易阅读，**就要求我们的邮件尽量短小简洁，并准确传达信息，这就是金字塔原理。**

金字塔原理原本是麦肯锡公司（被称为世界顾问公司龙头的一家美国顾问公司）采用的一种文章书写法。这种方法在开头就提出结论，接着列举多个论据来支持结论，因此文章结构是金字塔的形状，这种结构的优点是使结论一目了然。

写邮件时，我们要极力避免不读到最后就不知道结论的长篇大论，那样会耗费对方很多的时间，应该在开头就提出结论。如果对方读了题目之后觉得很好，必然就会仔细读下去；反之，如果对方一看题目就感觉不好，只要粗略浏览一下后面的内容就可以了。

想知道金字塔原理究竟是什么，可以读一读芭芭拉·明托（Barbara Minto）所著的《金字塔原理》。下面再给大家介绍一些写邮件的重要礼仪。

写邮件时，不仅文章结构很重要，简洁明了的排版也同样值得重视。即使按金字塔原理来写了，如果内容冗长，又没有换行，别人看起来就会非常的吃力。因此，我给自己制定了以下的规矩：

·20 字左右**换一次行**，最长不超过 30 字。横排太长会使邮件不便于阅读。

日前召开的会议敲定了以下内容：

· 记入公司章程的目的
· 成员
· 设立日程

对此，我希望在如下时间进行具体操作，不知各位是否方便？

时间：2009 年 4 月 7 日（周二）
地点：A 会议室
与会人员：铃木、山本、佐藤、小山

———
小山龙介
Business Plugin 股份有限公司董事、法人代表

通过整理邮件的排版和内容，可以大大减轻读者的负担。这是一个邮件满天飞的时代，因此我们需要思考如何减轻对方的阅读负担，这一点非常重要。

· 段落之间**空一行**，明确区分各个段落。

· 需要罗列几项重要内容时（比如日期、地点等），应将这些内容总结为**比较醒目的条目**，以减轻读者的负担。

执行这几条规矩后，邮件就会变得简洁明了。就算将信息冗余化，我们也能高效地处理邮件。

整理术 51

管理时间轴与空间轴

第一章我们介绍了资料整理术，本章向大家介绍了信息整理术。接下来还有两个整理术的概念要粉墨登场，那就是**时间轴的管理和空间轴的管理**。

讲资料整理术时，针对管理大量书面文件、随时找到需要的东西这个问题，我向大家介绍了按时间顺序来排列信息的方法。将材料附上日期装入透明文件夹，无须分类，只要按时间顺序排列就可以了。这样一来，只要查看一下日程表，就能立即找到材料，这就是时间轴的管理。

我一直会做一些文件夹来给文件分类，或用于更换文件，或用于文件分类。这就是按信息存放的地点来管理信息的方法，即空间轴的管理。

在整理信息的过程中，我产生了一个从空间轴向时间轴转变的想法。

促使这个想法产生的原因是时间绝不会回流的特性。按时间整理信息，就不会有任何迷惑的地方，也不会出现过后修改过去日期的情况。（分类整理比较容易出现变更分类的情况。）

逐渐转向时间轴管理的同时，也不能忽视空间轴的管理，即 GPS 的定位功能。

使用有 GPS 功能的工具，比如 iPhone，我们就可以为拍摄的照片、Evernote 的笔记、微博的记录等各种材料添加位置信息。这种信息并非随心所欲的东西，而是通过工具添加的绝对的东西，因此与时间轴的管理有相同之处——既不会有让人迷惑的地方，也不会在过后出现更改，非常适用于整理信息。

虽然空间轴管理的技术还处于不断的发展完善中，但**我们将按时间轴整理过一次的信息用空间轴的管理方法再整理一次**，这种思维方式的二次变化，我觉得非常有趣。我相信这里还有新的生存术，等着我们去唤醒和发现。

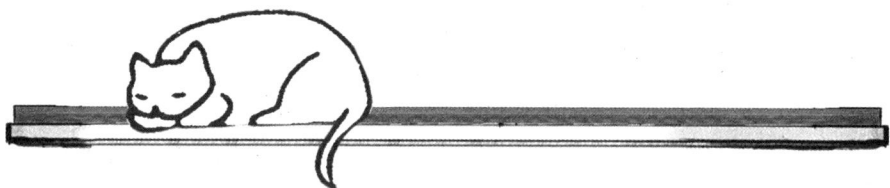

第四章 生活整理术

将生活常规化，再制造一些惊喜

整理术 52

灵活网购，简化生活

　　会整理工作的人，一般都会整理生活。这并不是什么不可思议的事情，只要掌握了整理的思维方式，不仅在工作方面，连生活也会变得有条不紊。相反，我们也可以说如果生活得不到很好的整理，就可能会对工作产生不良的影响。**要很好地整理工作，就很有必要将身边的生活环境整理好。**

　　当然，整理工作和整理生活的技巧肯定不一样。接下来我就会为大家介绍一些整理生活的绝招。

　　第一个是购物。

　　在购物上花费的工夫远比我们想象的要多。要买衣服，我们就必须在服装店的营业时间内到店里选购，还要劳神费力地把购买的商品搬运回家。其实，我们完全可以积极利用网购来省去这些麻烦。

　　要集中购买同一个主题的书籍，就可以利用亚马逊等网上书店。前几天，我想好好学习一下落语 [1]，便集中购买了几本相关的书籍。亚马逊网站会推荐相关的书籍，想要看的书一本接一本地出现，因此选购起来非常方便。这样，**在书店需要花费好几个小时才能完成的事情，在网上几分钟就搞定了。**

　　当然，直接去书店也有好处。去书店，我们不仅可以偶遇很多书籍，还可能会有根本无法想象的奇妙邂逅。只从网上书店买书的人是不会有这

---

[1] 日本的单口相声。——译者注

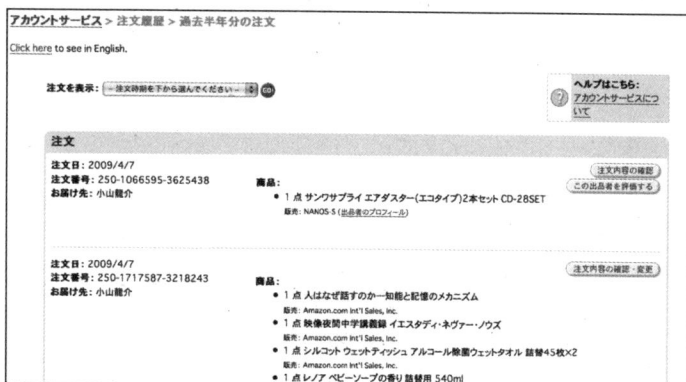

能保留过去的购买记录是一件非常值得高兴的事情。去普通书店买书无法留下这种记录，过后就会忘记什么时候买了哪些书。

种偶遇的，这在一定程度上会造成阅读的片面性。要避免"偏食"，我们还是很有必要定期去书店转转的。

但像前面说的要一次性大量购入书籍，我觉得还是网上书店方便得多。

像文具这类消耗品在网上买也比较方便。**网购的便利之处还在于能保留所有的购买记录**，只要查看购买记录，我们就可以毫不犹豫地选择和以前一样的产品。特别是文具，如果每次都买不同的东西，就会有各种不同型号的文具，乱七八糟。购买与以前相同的产品还可以带来安全感，这也是网购的一大特点。日本的网络文具零售巨头ASKUL以前只向公司销售文具，现在也创立了面向个人、SOHO一族的购物网站。

ASKUL网站还提供大瓶装的饮料，可以和书一起销售。说到食品网店，现在网上超市的服务非常全面，大家可以利用工作空隙在网上选购，然后让网站送货上门[1]。

网购不仅可以节约时间，还有另一个好处。

我将在下一节为大家介绍，就是使用商品的标准化。

---

[1] 最近日本的亚马逊网站也开始销售生活用品，可以同时购买书籍和洗涤剂、除臭剂等生活用品。

整理术 53

购买同种商品，免去挑选烦恼

在网上购物，我们可以查看自己以前买了什么商品，下次就能毫不犹豫地购物了，这样就会自然而然地养成购买同种商品的习惯。这种"购买同种商品"的习惯有许多意想不到的好处。

第一个好处是**使用同种产品会越用越顺手**，尤其是文具。相比于每次都用不同的笔，如果我们发现了一种中意的笔，并长期使用，工作方式自然而然就会统一起来。由于所用的笔不仅粗细、颜色，甚至书写的感觉都

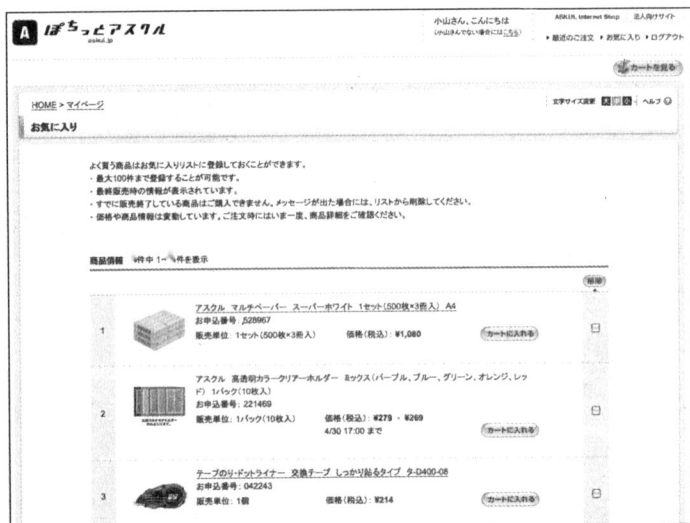

每次买了东西后，都将中意的商品收藏起来。这样不管什么时候，都可以立即买到平时使用的文具和日用品了。

一模一样，我们便可以始终保持同一种心情工作了。

我喜欢用粗一点的蓝黑色笔[1]，但文具店很少卖这种笔，要么就是已经卖断货了。所以我一直都在网上购买这种笔，这样才能确保工作中一直使用同一种工具。

除了笔，对洗涤剂等可以买到替代品的商品而言，购买同种商品可以保证替换时不出问题。

另一个好处是**存放的标准化**。比如纸巾，根据制造商和种类的不同，纸巾的大小也不尽相同。之前用的纸巾盒放在办公桌上刚刚好，换其他厂商生产的纸巾可能会太大，没地方放。此外，还可能有种类的问题。购买同一厂商出品的同一种纸巾就可以避免这些问题的发生。

此外，还有一个好处是**以后不管买什么都不会茫然了**。越快决定要买的东西，完成购物的速度就越快。也许这样会失去购物的乐趣，但购买消耗品时我们还是应该果断地舍弃这种短暂的快乐，坚持购买同种商品。有时只因为几日元的差别就犹豫不决，这样反而会浪费更宝贵的时间。

标准化的办法虽然看起来太过琐碎，但要提高效率，就必然要用到这个办法。将这个办法灵活运用于生活，就可以将生活变得更简单、更轻松。

---

[1] 请参考整理术 70 "换一支笔，换一种思维"。

整理术 54

一次大量囤积，将担忧扼杀在摇篮里

从购买固定商品这一办法，我们可以引出另一个技巧，就是**囤积消耗品**。

很多人一般是在消耗品即将用完时才买新的。就像冰箱里的饮料，许多人总是要等到快没有了，才下决心"差不多该买一点了……"。

可能有人会认为这是理所当然的。但善于整理的人会先人一步预料到这种情况，并提前囤积好纸巾、洗涤剂和瓶装饮料。这样，**即使消耗品用完、喝完了，也能及时得到补充。**

储备消耗品的地方最好靠近其使用场所，这样可以及时补充。顺便提一下，这里展示的商品全都可以在网上买到，一旦用完就可以马上订购。

　　这个办法的好处不仅在"及时补充"这一点上，有些东西如果不及时补充，就会很不方便。因此我们下决心购买即将用完的物品时，往往会把"购买＊＊"这个 ToDo 项目标注为非常紧急。如果只是为了购买用完的东西，就不得不专门去一趟超市，这样非常浪费时间。

　　此外，我们还得花费精力去记住自己有一个 ToDo 项目，太麻烦了。去到超市，你还得绞尽脑汁地回忆"好像有什么东西快要用完了，究竟是什么呢"。在线 ToDo 管理服务中有一项叫"Remember The Milk"[1]，说不定就是为了提醒大家别忘了买牛奶而专门设计的。

　　事先囤积消耗品又会怎样呢？即使所有消耗品都被你派上前线冲锋陷阵了，短时间内你的生活也不会有问题。因为你还有东西可用，不必"马上去买"。这种**"暂时没问题"的安心感非常重要**。

　　我就会一次性大量购买可囤积的物品，将其储备起来。正所谓有备无患，这不仅适用于非常状况，同样适用于日常生活。

---

[1] http://www.rememberthemilk.com/。

整理术 55

利用便利店代收快递服务，毫无顾虑地购物

网购必须有专收快递的收件箱[1]。如果没有收件箱，就不得不在家等快递，好好的一个周末就可能会浪费在等快递上。这样一来就本末倒置了，网购原本是为了图方便，最后却给自己平添了诸多麻烦。

即便如此，如果仅仅因为没有快递收件箱就弃方便快捷的网购不用，也是件很遗憾的事情。也不可能仅仅因为没有快递收件箱，就去另觅新居。

这里我向大家推荐一个绝招：**便利店的代收快递服务**。便利店一般都是 24 小时营业，就算我们下班再迟也没有关系。罗森便利店可以代收亚马逊网站的货物，最多可以帮忙保管 10 天，即使你去外地出个小差也不用担心；黑猫大和宅急便也有"店长收取"服务，你可以放心地让便利店的店长帮忙代收。

现在没有了收取快递的后顾之忧，我们就可以在需要的时候购买所需之物了，这就大大降低了生活的压力。**只要感觉网上的某个商品"很需要""好想买呀"，立马就可以毫不犹豫地购入，再也不会"忘记"了。**

ToDo 管理的一大原则是尽量不增加 ToDo 项目。我在《时间整理术》中提到一个办法——2 分钟内可以解决的事情绝不添加到 ToDo 里，而是当场完成，这也是为了不增加 ToDo 项目。只要 2 分钟就能完成的事情添

---

[1] 作者说的是日本的情况。——编者注

加到 ToDo 后就置之不理，之后想起来才去做，这个过程就是对时间莫大的浪费。还不如暂时放下手中的工作，解决问题，速战速决，这样效率反而会更高。

用快递收件箱或便利店快递代收服务，我们就能让购物变成"只要 2 分钟就能完成的小事"。这样就可以将购物从 ToDo 列表中剔出，把生活打理得井井有条。

整理术 56

在公司收取书籍快递，提高自己的声誉

在公司上班的人可以在公司收取快递。由于上班时间都在公司，因此能切实保证包裹直接送到自己手里。

虽然如此，在公司收取的东西也要有所限制。网购的日用品在公司收取没有任何意义，如果非要在公司收取，不如收一些有用的东西，比如书籍。

在公司收取网购的书籍可以让周围的人觉得"那人是个爱读书的人"，从而树立起良好的个人形象。当你打开包裹，人们便会围过来问你买了哪些书，大家可能会因此兴致勃勃地聊起天来。长此以往，就会留给大家一个好印象——你一直都在认真学习。

这是一种**声誉战略**。虽然这个话题有点脱离主题，但我还是想提一个善于使用声誉战略的企业——丽思卡尔顿酒店（Ritz-Carlton Hotel）。

高级酒店有很多，但应该没有一家能像丽思卡尔顿那样有各种各样的轶闻。记住顾客的饮食爱好，将客人谈话中偶然提到的某个美术馆的介绍手册送给客人，甚至让管理人员坐新干线将客人遗落的重要演讲资料送到东京……这些轶闻都被称作"丽思卡尔顿神话"，常见于各种杂志和书本。

当然，这个神话并不是经常发生的。但当你需要入住酒店时，这些故事就会掠过你的脑海。如此一来，稍微有一点什么事情，我们就会马上感到"果然还是丽思卡尔顿酒店好"[1]。这个神话对酒店的工作人员来说，则会产生一种"必须提供超出人们期待的服务"的正面压力。

其实，对在公司工作的人而言，也是如此。如果我不停地制造"小山神话"，大家就会慢慢地对小山这个人产生很多正面的期待。

但这种神话如果不公开发表，是很难传播开来的。丽思卡尔顿酒店就是通过不断出书、不断让人在杂志上写文章来使它的"神话"流传开来的。

作为声誉战略的一项，我们可以在公司收取网购的书籍，还可以试着买点比较难的书。这样会让别人感慨你居然在读这么高深的书，这也是PR 活动[2]的重要一环。

上面所讲的可能有点脱离整理术的范畴，但我想强调在简化生活的过程中，千万不能自以为是。别人怎么看待自己，与他人关系如何，这类问题都是我们应该经常考虑的。

这种巧妙处理与他人关系的诀窍，我们将在下一节讲到。

---

[1] 我曾遇到过这样的事情。我想在丽思卡尔顿酒店找人按摩，却被告知客人太多，于是放弃了这个念头。但几分钟后，酒店服务人员打来电话说"已经安排好了，不知道您还需不需要？"这几分钟内他们做了什么工作不得而知，但对我来说足以称得上神话了。

[2] 这里的 PR 是 public relations 的缩写，PR 活动即公关活动。——编者注

整理术 57

拒绝第二次聚会[1]的技巧

生存术可以说是一种资源"整理"，这种资源就是时间。

我们虽然不能凭空制造出更多的时间，却可以少做一件事，将节约下来的时间用来做别的事。将消耗在购物和日常生活上的零碎时间积累起来去做别的事情，这就是生存术的关键。

与人交往也是如此。如果我们和每一个人都慢慢地相处，就算你有再多的时间也不够用。这就需要用**"不参加第二次聚会"**这一绝招，以便我们整理好时间这一重要资源。

但如此一来，你就会被贴上"不团结同事"的差评标签。这时我们就需要一个既节约时间，又能提高评价的办法，就像"在公司收取网购书籍"这一招既能简化生活，又可以提高个人声誉。这个办法是我在广告代理公司工作时偶然听到的。

这一招既能拒绝第二次聚会，又能提高别人对自己的评价，其实就是想一些拒绝第二次聚会的好理由。我说出来后，大家可能会觉得太简单，但还是很好用的。这个绝招就是借口**"我还有工作没有做完"，然后扬长而去。**当然，不可能每次都那么巧有工作没有做完，但听你这么说，别人

---

[1] 日本上班族下班后一般不直接回家，而是跟同事一起喝点小酒。聚会结束后也很少马上回家，而是重新找个地方开始第二次聚会，有时甚至会有第三、第四次聚会，直到深夜才回家。为了和同事处好关系，日本上班族一般都会参加。第一次聚会，大家说的大多是礼节性的空话、套话。很多时候，只有不厌其烦地等到第三、第四次聚会，才能听到别人吐露心声。这是日本上班族的传统。但现在很多人更重视家庭，不愿参加第二次聚会。——译者注

以"还有工作没做完……"为由拒绝，成功脱逃。

就会觉得你是个"很热爱工作"的人，你的神话也由此产生了。最好的办法是不要完全拒绝，而是说"如果就一会儿的话还行"，然后去第二次聚会待上几分钟，这么做既不失义气，也可以提高别人对自己的评价。

有时迟个 10 分钟左右才参加第一次聚会也是可以的，"刚刚才开完会……"这个理由很不错。如果迟到时间太长，则可能会有反效果。但如果**只是稍微迟了一点，还是能给人留下好印象的**。反之，如果有人提前 10 分钟就到了，反而会被人认为太闲了，没有工作可做，大家对这个人的评价也就不难想象了。

当然，装出"很忙的样子"的人如果实际上不具备一定程度的工作能力，就会得到完全相反的效果。本来工作就不怎么忙，如果被邀请参加二次聚会时突然以"还有工作要做"为由拒绝，恐怕什么好评都得不到吧。

总之，所谓的整理，就是要毫不犹豫地放弃和坚决明确地判断，同时还要在不产生负面效果的前提下注重各种细节，小心行事是上上之策。

整理术 58

按穿着顺序整理衣服，消除早晨的烦恼

　　我们回到整理生活方式的话题上来。老百姓的生活不外乎"衣食住行"，可见穿衣是极其重要的组成部分之一。我想大概很多人每天都会在挑选衣服上花费大量的时间。

　　这里我要引用一个人的例子，这个人就是作为创新型企业而被广为称赞的苹果公司的 CEO——史蒂夫·乔布斯（Steve Jobs）。每次发布会，他都身着黑色高领毛衣和牛仔裤。似乎平时他也一直穿黑色高领毛衣，因此就有了这样的传闻——他的衣柜里塞满了无数的高领毛衣。貌似很多像他**一样从事创造性工作的人，反而不会在穿衣上浪费时间。**

　　虽然"每天都穿一样的衣服"可以作为一个穿衣技巧，但这样一来你就很有可能成为别人眼中的怪胎[1]。这里我要向大家介绍一招——事先决定好一周（也就是出勤的 5 天）要穿的衣服。

　　我有一个朋友非常具有时尚意识。这位友人曾说过鞋子决定全身的搭配，因此大学时将大部分购物时间花在了买鞋上面。按他的思维来说，我们可以先决定 5 天要穿的鞋子，再根据鞋子来搭配衣服。

　　而我基本上遵循一双鞋穿到报废为止的方针，因此与他不同，我是以衬衣为基准来决定全身的搭配。只要决定了衬衣，与之相配的裤子和外衣

---

[1] 日本上班族的传统是衣服必须每天换，不能天天都穿同样的衣服。如果穿前一天的衣服去上班，别人就会以为你夜不归宿或邋遢、不讲卫生。——译者注

每天早上都不用再烦恼。

就能自然而然地定下来。另外，由于衬衣需要每天更换，着装变化就由此产生了。所以，**只要确切掌握好衬衣的穿着顺序，就不用再为衣服的搭配而烦恼了。**

这种顺序管理办法很简单，就是**按穿着顺序依次用衣架将衣服挂好。**从最左边的衬衣开始，每天穿一件，这样就形成了一个系统，就能决定每天穿什么衣服。有时需要根据场合来决定是穿工作装、商务休闲装还是正装，事先根据一周的日程表来组合好休闲装和正装，就不会出错了。

建立起衣服的轮换系统后，我们就可以知道所需衣物的数量了。这样既可以避免购买过多的衣服，也不会出现衣服不够穿的情况；既知道所需领带的数量，也可以把握所需衬衣的颜色变化。

可能有人会认为将穿衣模式化会让人失去创造力，但我认为正是模式化才让我们看到了更多不同的东西。**也只有将穿衣模式化，才能将这个模式变得更加讲究和简约** [1]。

如果有人使用我在《整理的艺术 2》一书中介绍的"与人约在星期三见面"这个绝招，就可以在星期三穿上自己的王牌服装；如果星期一有公

---

[1] 与之相关的是整理术 33 的"统一、简化工作环境"中介绍的，通过找出规则来改善整理方法。

司会议，这一天就可以作为衣服轮换的低谷期；甚至可以运用一种如同轮换棒球比赛中的投球手一样的战略，这就是模式化升华后的效果。

此外，这个办法还有"把记忆外部化"的效果。如果要用大脑去记忆要穿的衣服，就会占用相应的记忆领域，从而使精神集中程度和处理事务的能力受到限制。用了这一招后，我们就无须记忆每天穿衣的顺序，将衣柜里的衣服按穿着顺序整理好，**让自己远离选衣服的烦恼，从而将这部分精力用在工作和学习中。**

顺便提一下，就 5 天轮换的情况而言，勤洗衣服可能会比较好。如果将一个星期换下来的衣服集中到一次洗，万一碰到下雨，衣服干不了，这个衣服轮换系统就会出现问题，给工作和生活带来不必要的麻烦。

整理术 59

建立饮食模式，进行营养管理

饮食也可以模式化。我们应充分考虑营养的均衡问题，制定出一周的食谱。

就拿午餐来说，我一般是在东京 ADK 松竹广场里的赞岐乌冬、寿司、台湾海鲜三家轮流用餐，点的东西也是固定的。如果去赞岐乌冬，就点加小葱和油豆腐的乌冬面；去寿司店就要 1.5 人份的寿司；去台湾海鲜店，就交替选择台湾料理的 E 套餐或点心料理的 C 套餐。这样基本上可以免去每天为吃什么而抓耳挠腮的烦恼。

由于我不会对食物感到厌倦，所以我的情况可能比较特殊。回顾大学时代，我在食堂吃的饭必然是猪肉味噌汤、拌蔬菜、金平牛蒡和米饭的组合。在美国留学时，我又陷入了 Taco Bell 的炸玉米粉卷、In-N-Out 的汉堡的漩涡。由于总是吃同样的东西，我甚至被当时的女朋友（现在的妻子）限制一周只能吃两次汉堡。（就算这样我还是会悄悄溜去吃，可惜之后总会露馅。）

我也非常清楚总吃同样的食物，确实会营养失衡。所以**为了营养的均衡，我才轮流在三个地方吃饭**。虽说这样也不能保证营养均衡，但至少比长期只在一个地方吃饭要好得多。

但 In-N-Out 的汉堡真的太好吃了，即使现在回想起来，也感觉戒断综合征要复发了。留学时同朋友谈起"日本没有的东西"这个话题，得出的结论就是 Krispy Kreme Doughnuts（美国著名甜甜圈品牌）、Cold

Stone Creamery（美国著名冰激凌品牌）和 In-N-Out。前两个品牌都已在日本登陆，赢得了极高的人气，唯独 In-N-Out 丝毫没有来日的迹象……这个品牌在加利福尼亚州等西海岸地区十分常见，有机会去的朋友一定要尝尝看。

整理术 60

打扫卫生，重振精神，提高专注力

打扫卫生是整理整顿的基础。当然，要在这里谈论打扫卫生的重要性也可以，但作为一个生活黑客，我们应该迈出更大的一步，试着考虑打扫卫生的活用方法，就是将**打扫作为转变心情的契机**。

我们无法集中精力工作时，如果任由自己发呆下去，肯定什么都无法改变。有时中午饭不小心吃多了[1]，为了消化食物，血液都往胃部等消化器官集合，必然就会难以集中精神。这时，我们就应该用打扫卫生来转换心情。

这里要推荐给大家的是**喷雾器**。喷雾器原本用于清洁电脑键盘缝隙间的灰尘，但我也用来清理桌面和架子。使用时那种强力喷射的感觉很好，可以让心情爽快起来。

此外还有**湿巾，软软凉凉的，手感很好**。虽然桌面看起来不怎么脏，其实到处都藏污纳垢。只要用湿巾轻轻一擦，就能发现大量污渍，肯定会让你大吃一惊。由于湿巾也有酒精成分，可以杀菌，所以对爱干净的朋友来说，时不时擦一擦应该能使精神爽然一振。

如果办公室铺有地毯，用**滚胶机**感觉也不错。地毯也是看似干净其实很脏的地方，不信你用滚胶机试试就知道了。

---

[1] 原则上我们不应该过度进食。这不仅会使生产率降低，而且发胖后也会影响健康。正所谓过犹不及，说的就是这个道理。

喷雾器和湿巾是我的常备之物。每当专注力下降时，我就一定会打扫卫生。

　　打扫是一件非常不可思议的事情。只要试着打扫一下，就总能除去一些污垢。看着周围的环境变得焕然一新，自己也会感觉小有成就吧。这种**小小的成就感就像开关一样，能调动我们的积极性，使我们工作起来更精神集中，更卖力**。

　　难得打扫一次，不如带着这个附加目的打扫吧。

整理术 61

创造家和公司以外的第三场所

我已经介绍了整理生活环境和生活方式的技巧，但对大多数人来说，可能还是存在房间整理不好、到处乱七八糟的情况。这种情况下还有一招，就是**放弃整理、转移阵地**。

如果找到了非常中意的水吧，要集中精神时就可以去那里工作学习。此外，出差的时候宁可多花一点钱，也要找一家好的酒店，享受舒适的工作环境[1]。

可能很多人平时都特别忙，整日奔波在家与公司之间。这样既容易导致心情狂躁，也没有任何空闲时间。生活日益单调，色彩尽失。这种情况下，水吧或酒店也可以成为你转换心情的场所。

如此一来，就出现了既非家里也非公司的地方。这种地方我们称之为**第三场所（The Third Place）**，星巴克便是这样的地方。它不仅为顾客提供美味咖啡，还力求给顾客提供一个舒适悠闲的第三场所。此外，之前提到的丽思卡尔顿酒店也能给客人提供宾至如归的温馨环境。"提供场所"已成为酒店、休闲场所提供优质服务的一个关键词。

我要向大家推荐的第三场所是**酒店大堂**。虽然那里的饮料有点贵，但酒店大堂能传达一个酒店的价值观和文化。身处于那样一个舒适的环境中，

---

[1] 我每次去大阪出差，都会住在丽思卡尔顿酒店。虽然开销稍微有点大，但能从酒店的热情好客中学到很多东西。

心情必然也会截然不同。

也可以常去某个固定的旅馆或酒店。这么做可能会比较花钱，但能让你度过一个悠闲的周末。其实用不着观光旅游，只要在旅馆内悠闲自得地度过一个周末，也能让你恢复体力，使你精力充沛。虽然不可能每周都去，但在适当的时间有计划地离开家和公司，能为我们回顾过去、决定未来创造一个整理思绪的机会。

这个第三场所，与家和公司都有所不同，是可以自由选择的地方。也就是说，如果不喜欢了就可以再换。公司却不是能以一己之力改变的地方，公司环境的改变不是个人所能做到的。**但通过创造第三场所，扩大自己能掌握的范畴，就可以根据不同目的使用不同的场所。**

整理术 62

将生活常规化，再制造一些惊喜

要简化生活，每次都做同样的事情就可以了。本章为大家介绍了一些将购物、穿衣、饮食模式化的办法，将生活的各个方面都**常规化**了。

由于常规化是重复同一行为，就算不情愿也会慢慢顺手起来，熟能生巧，就会更加精益求精了。

但一定也会有人反对，说"总是重复同一件事，生活不就太索然无味了吗？"的确如此，如果每天都吃同样的东西，谁都会厌倦，都会越来越品味不到任何趣味。这样，一旦与常规稍有不同的东西出现，我们就能感受到非常强烈的**惊喜**。

在往返于家和公司两点一线的生活中，我们可以试着增加水吧这个惊喜。在普普通通的出差旅途中，我们可以试着住一住比较好的酒店，给自己一个惊喜。正因为一切都常规化了，这些惊喜反而更有效果。

从这个意义上说，我们可以**先让生活常规化，再加入一些惊喜作为生活的调味料**，这也不失为一个整理生活的好办法。

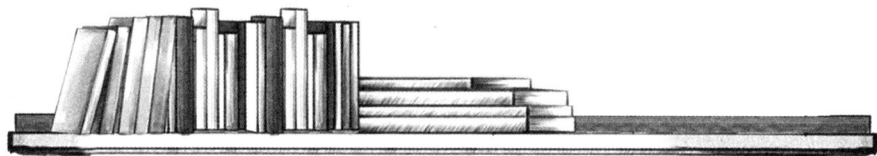

第五章　思维整理术

分割信息与整合信息

整理术 63

将"不懂"的信息直接装入大脑，在无意识中进行整理

充分调动脑力是整理思维的关键所在，这就需要能充分调动脑力的整理技术。该整理技术不同于我们通常所说的整理常识，而是以反思维方法进行思考的，这或许会让大家大吃一惊。

在"不懂"信息的状态下，暂且让其沉睡。

工作中需要拿出点子的时候，我们经常会想马上拿出来。当然，如果有"答案"，立刻调查后给出答案便可。但并非所有问题都有答案，即使有答案，百分之百正确的答案也屈指可数。

经常会有人拿"会调查却不会思考"这样的话嘲弄那些优秀却无法充分发挥实力的员工。这是因为，**越是优秀的人就越会偏执于正确答案，并执着地寻求答案**。如果到最后还是找不到答案，他们就会说"不知道"，并立刻缴械投降，停止思考，这样就无法调动大脑的思考能力了。

重要的是要思考，这不像嘴上说的那么简单。常言道"抽思似眠"，很多人看似在思考，实际上大脑却丝毫没有开动。如何才能开动大脑呢？第一法宝就是我一开始向大家介绍的：先囫囵吞枣，在"不懂"的状态下先将信息装入大脑，再等其慢慢成熟。

我们的大脑一般是在无意识的状态下整理信息的。婴儿学习词汇时并不是有意识地去理解词汇的含义，而是无意识地在大脑中加深对词汇的理解。大脑在整理的同时也不断完善信息欠缺的部分，并塑造出整体形象，

我们可以将这一功能称作"自我组织化"。我们经常把大脑当作一个信息储存库，实际上大脑是**能够自动整理、重组信息的优质信息整理库**。

我们索性就相信大脑的信息整理功能，先将"不懂"的信息装入大脑，暂且搁置下来。这样，**大脑就会在无意识中开始重组信息**。

顺便提一下，学习语言时该功能最能发挥作用。婴儿自不必说，成年人如果没有大脑的这一信息重组功能，学习语言也是无法成功的。

我留学美国时整天都要泡在自己无法消化掉的快速英语中，到了晚上就累得瘫在床上，呼呼大睡。这并非由于肢体疲惫，而是大脑疲劳使我感到如此困倦。尽管如此，只要睡上一晚，大脑就会自动整理语言，不断加深对语言的理解。日积月累，我很自然地就掌握了这门语言。大脑的这种潜力着实让我大吃一惊。

大脑会先将五花八门的信息放置一段时间，再将这些信息整理得井然有序。观察这一流程，我们会发现大脑整理信息的过程酷似酿酒。正如发酵的时间越长，就越能酿出美酒一样，一个点子在大脑中放置的时间越长，就越能成为完美无缺的点子[1]。

---

[1] 畅销书《思考的整理术》（外山滋比古著）对这一流程作了浅显易懂的介绍，强烈推荐大家阅读。

整理术 64

睡前输入，睡时工作

重视大脑的整理能力后，我们就能总结出新的一招，即**睡前将信息输入大脑**。虽然输入时信息是断断续续的，但早晨醒来，我们就会发现这些信息已变得井井有条了。我有过好几次这样的经历，关键是睡前要将信息输入大脑，将其放置一晚。

相反，睡前要从大脑里输出东西就不是一件容易的事情了，往往事与愿违。由于白天收集到的信息是未经整理就塞进大脑的，就算准备拿出点子，很多时候都会因思绪难定，最终只能在原地打转。我也有过这样的经验，为了挤点东西出来，绞尽脑汁苦战到深夜，结果什么也没想出来，最后只能倒头睡去。**早上一起床却发现，前一天夜里让你如此头痛的问题竟然已经轻而易举解决了。**

如果我要规划一天的日程，大概是这样的：

上午：以输出为中心开展工作。经过一晚的时间，大脑脉络清晰，并然有序。并且由于吸收的信息尚不算多，此时大脑处于比较清醒的状态。因此，我会尽量在上午完成写企划书、写文章以及作重要判断等工作。

下午：基于上午思考的结果，开展实际工作。可以做一些**不需要深思熟虑也能轻松完成的**工作，比如修改企划书、制作资料、整理资料等。此时，大脑吸收了大量的信息，开始进入混沌状态。

夜晚：大脑的混沌状态在睡前达到最高峰。此时要输出东西，恐怕都是支离破碎之物。一门恋爱术认为：夜里写的情书，早上一定要检查一遍，可见夜晚作出的思考一定会漏洞百出。因此，这个时间段我们不如**多花些时间将信息装入大脑**。

整理术 65

输出信息时，尽量集中精力做一件事

上午做输出性工作时，我们凭经验也知道，如果同时输出多个信息，要么会变得焦虑，要么会头昏脑胀，最终劳而无获。

所谓输出性工作，就是将大脑整理好的复杂信息小心翼翼地提取出来。大脑中的信息是通过神经元相互链接而整理出来的，对崭新的主意或想法而言，其神经元之间的链接还不是很牢固。

反复思考某个点子，其神经元之间的链接就会不断加强，最终变得非常牢固。而刚开始想到这个点子时，其链接是非常纤细脆弱的。追寻链接时如果手法过于粗鲁，就很容易扯断。正因为如此，我们需要细心温柔地进行输出性工作。

由此，我们可以判断，要同时输出多个信息其实是无谋之举。这些信息链原本就很纤细，硬要同时输出多条，定会乱成一团。如果是常用的基本信息，倒可以同时进行，**但尤其在准备策划新方案时，最好不要同时输出多条信息**。

重新审视输出信息这件事后，我们就能找到另一个运用 ToDo 的理由，那就是用 ToDo 提高创造力。

要同时做很多事情时，我们经常会无从下手。要输出优质信息，就一定得摆脱这种状态。**可以先用 ToDo 列表列出要做的事情，再从该列表中选出并马上执行需要立刻处理的事项。**

大家最好一上班就做 ToDo 列表，这样我们才能将上午的时间用来集中处理一件事。

整理术 66

提高创造力的 ToDo 列表制作方法

说到 ToDo 列表，大家一般会认为 ToDo 列表的作用是"提醒"我们该做的事情。但要提高创造力的话，ToDo 列表就会变成使你**暂时"忘记"其他要做的事情、专注于一项工作的工具。**

出于这一目的制作的 ToDo 列表，制作方法也有所不同。要暂时"忘记"其他要做的事情，就没必要制作过于严谨的 ToDo 列表。要制作严谨的 ToDo 列表，就会将大把的时间浪费在上面，还总担心 ToDo 列表是否完美，这样就无法集中精力做关键的输出性工作了。

当然，还要看每个人的性格。我的方法是在表格做到一定程度时**暗示自己"今天就做这些"，并开始输出性工作。**"一定程度"是指列出 6 个左右的 ToDo 事项。

每天早晨上班后，我会先在便签纸上列出 6 件当天一定要做的事，可以第二天或更往后做的事就毫不犹豫地向后推。**关键是列出今天一定要做的事**，然后从中选择工作量相对较小的输出性工作，开始一天的工作。

从小事做起是因为工作如同开车，冲刺时需要能量，所以要从低档起步，转动起来后再切换到下一档。**安排好工作的先后顺序，到达最高时速时才能以全部的精力开展最大的输出性工作。**

此外，ToDo 列表制作目的不同，使用方法也有所不同，重要的是使用时要灵活应变。

整理术 67

统筹管理 ToDo 列表和邮件

我们在前面了解到 ToDo 列表有利于整理思维，对集中精力做输出性工作尤其有利。接下来，再给大家介绍最新的 ToDo 列表管理方法。

现在很多邮箱都有 ToDo 列表（待办事项）功能。ToDo 列表与邮箱是联动的。我们可以列好 ToDo 事项放进邮箱，也可以在收到需要做某事的电子邮件时，直接将该邮件列入 ToDo 列表。

如果我们大部分的 ToDo 事项都在收到的电子邮件里，只要这样设定一下，就不需要特意制作 ToDo 列表了。由于 ToDo 列表与邮件连在一起，所以我们也能轻松读取原始邮件，确认其内容。

对于用邮件将 ToDo 事项发给自己的人而言，将邮件与 ToDo 列表联动能实现更统一的 ToDo 管理。

不断将邮件列入 ToDo 列表，会发现收件箱内堆积的邮件少了许多。以前我会把需要回复的邮件留在收件箱，把它们当成应该做的 ToDo 事项。只要该事项没有完成，就不回信，这封邮件就一直留在收件箱。这样，收件箱总是满满当当的，还会使自己感觉到某种压力。

自从使用了邮箱的 ToDo 管理功能，将需要处理的邮件转入 ToDo 列表后，收件箱很快就被整理得干干净净了。通过这种方法，**那些因事项未**

---

[1] 参考整理术 02 "用电子邮件共享、保管会议资料"。

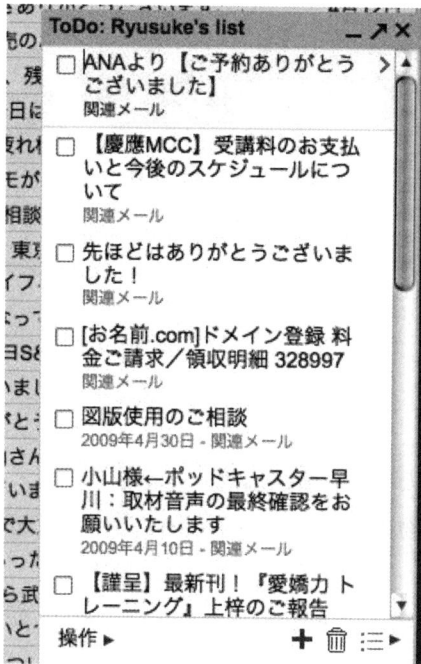

点击 ToDo 列表，ToDo 列表就会出现在
屏幕右下方。

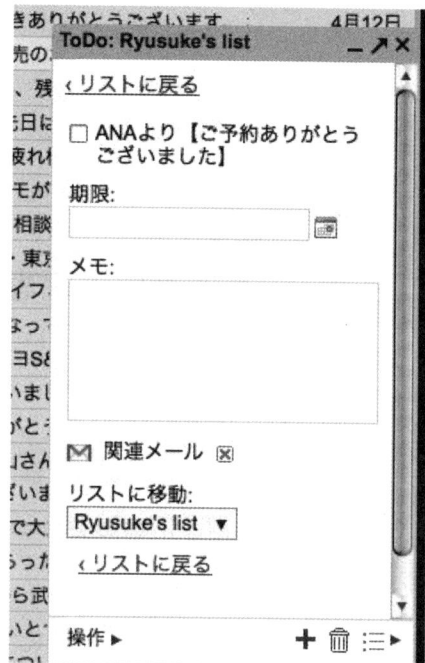

点击某个 ToDo 事项，就能进入期限和备
忘录的页面。

处理而无法回复的邮件就会从视线中消失，自己就能集中精力处理"需要
尽快回复的邮件"了。

整理术 68
在散步中整理思维

　　搁置点子的方式除了睡觉，散步的效果也不错。我在《整理的艺术3》一书中曾提及，**散步时大脑会分泌化学物质，使我们冷静下来，从而比较容易整理思绪**。

　　即便如此，我想很多人要么没有空余时间出去散步，要么根本就没有外出的机会。这里向大家推荐一个特别的时段：**午餐后，即中午外出吃完午饭后，稍微绕一下道走回公司**。这时就可以一边不经意地回想上午未能下定论的想法和没解决的问题，一边散步，从而使你思考已久的问题逐渐清晰起来。

　　除了散步，还可以**洗个热水澡或在游泳池里游泳**。大脑大部分时间是在无意识中工作的，要使大脑无意识的部分更活跃，最好是动动身体，或适当接受外来刺激，选择步行和游泳等不用考虑太多也能做的事情比较好，因为无须动用意识，大脑无意识的部分就会变得更加活跃。顺便提一下，步行速度最好控制在每秒2步，据说按这个速度步行，大脑分泌物质的效果最佳。

　　重要的是不要思考得太深，而是一带而过地想。如果思考得太深，大脑有意识的部分或许会变得活跃，无意识的活动则会受到抑制。但真正的答案一般都是在你因寻求答案未果苦恼许久，正准备放松下来时突然浮上脑海的。因此，**越是走进死胡同，越应该放松下来放宽思绪，这样才更有机会发现新的解决办法**。

整理术 69

用香精、干花等治愈系物品转换思维模式

要让大脑无意识的部分更活跃，香精、干花或观赏性植物也很有效。

香精、干花有不同的使用方法，有的是使用薰衣草等植物使人心平气和，有的是使用柑橘系列的柠檬杯让人提振精神。用熏香炉也不错，日本市场上最近推出了一款 USB 熏香器，需要调节情绪时我会将它插入 USB接口，轻松享受香薰。

茶和咖啡等也有一定的效果，休息时顺便喝喝花茶什么的，也有助于调节心情。碰到的问题越是棘手，就越能体会这种效果。由于咖啡因会让人过度兴奋，所以向大家推荐不含咖啡因的普洱茶或路易博士茶。

观赏性植物貌似有些费事，但最近市场上开始有一个月只要浇一次水就可以的新式植物，能轻轻松松地养活。将小小的植物摆放在电话机旁，打电话时就能看得到，这样，就算接到难缠的电话或投诉电话，也能心平

这是能插在 USB 接口上的 USB 熏香器。由于方便携带，出差时我也会在宾馆里使用。

放在电话机旁边的是一种叫"胶囊迷你植物"的植物。这种植物只要浇过一次水，一个月内就不用再浇了。并且，浇的水会储存在胶囊内，即使将植物放在办公桌上也不用担心水会溢出来。我将这种植物放在电话机旁，是为了打电话时保持愉悦的心情。

我在家里的书桌旁摆放了一盆比较大的观赏性植物，以营造轻松优雅的环境。

气和地与对方交谈了。同理，也可以在会议室摆放观赏性植物，以冲淡会议中的硝烟味。**治愈系物品一般要摆放在容易让人心神不宁的地方。**

　　颜色搭配也非常重要，红色一类的战斗色系就容易扰乱人们的情绪。要在体育运动场提高运动员的气势，红色或许能用 [1]，用在职场上就不会有积极的效果。但红色如果作为强调色，搭配能**提高专注力的黄色、使人心平气和的绿色和给人温馨感的橘黄色**等颜色，煞风景的办公室也能变成让人灵感涌动的舒适场所。如果用得过多，或许会有人反对，如果只用作强调色，占整个面积 5% 左右就可以了。我的做法是**选择黄色的笔盒和记事本，开会时将其摆在桌上，让它们发挥强调色的作用。**

　　能让人感受到季节感的物品也不错。比如圣诞节来临之际，稍微装饰

---

[1] 甚至还有研究表明，穿红色队服的一方取胜概率会更高。

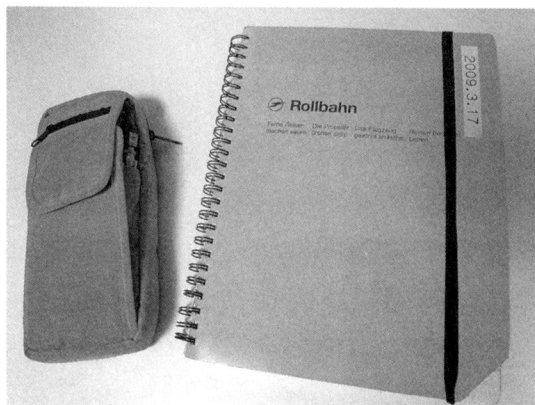

通过使用黄色的笔盒和记事本，
达到提高专注力的效果。明亮的
颜色会使心情一同明快起来。

圣诞节前后我们会装饰一番，以
营造气氛。虽然是个微不足道的
事情，但心情愉快也能缓解工作
带来的疲乏。

一下也无伤大雅。在会议桌上随意摆上圣诞树，或用玻璃工艺品点缀一下
办公室，这种营造节日气氛的做法也可以调整心情。圣诞节正值忙忙碌碌
的年末，这类温馨的小物品或许也能缓解一下压力。

　　无论如何，要让大脑无意识的部分更加活跃，重要的是要导入能使精
神放松下来的因素。我们很难有意识地控制大脑无意识的部分，因此**运动
带来的身体刺激和通过改变环境产生的外来刺激都很重要。**

整理术 70

换一支笔，换一种思维

人们的思维方式受工具的影响很大，最具代表性的就是笔。

一般情况下我会用 0.5 毫米和 1.0 毫米两种粗细不同的笔。**要认认真真写字时就用 0.5 毫米的笔**，因为这种笔笔尖较细，能提高认真书写的意识。做校稿一类需要更认真地写字的工作，我会用 0.38 毫米的笔。笔尖越细，写出来的字就越小，你就会越细心。

1.0 毫米的笔则适合用来画大胆的图解，因为笔尖比较粗，书写比较流畅，可以不必在意笔墨的油渍就"刷刷"地画出大图来。由于画出来的

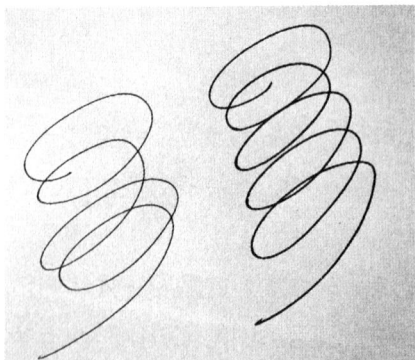

1.0 毫米（右）和 0.5 毫米（左）的笔写出的字，给人留下的印象是不同的。需要大胆地画图解的场合，建议使用 1.0 毫米的笔。写便签时也可以用 1.0 毫米的笔，让便签看起来铿锵有力。

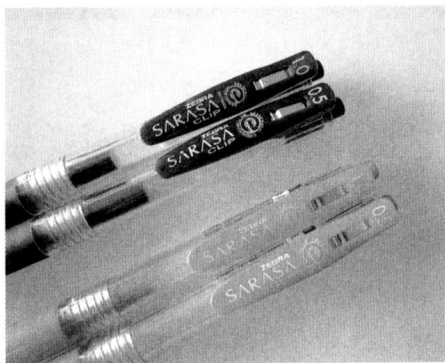

我常备 4 支笔——1.0 毫米和 0.5 毫米的笔，各有蓝黑、红两种颜色。

线条粗，用图解进行说明时隔一定的距离也能看得清清楚楚。你可以挥舞整条手臂，"嗖嗖"地把图画出来。

只是换了一下笔尖的粗细，就能产生如此迥异的思维方式，我们把这叫做**切换思维齿轮**。如果一味使用细笔，就无法大胆展开思考，反之，一味使用粗笔，就会忽略细节部分。只有区分使用两者，才能在**思考过程中做到该大胆时大胆，该细致时也能马上变得细致**。

我还很注意笔的颜色。我想很多人平时都喜欢用黑笔，其实黑色带有一种下了定论的感觉。原本是随便写下的想法，白纸黑字的强烈对比就会给人留下过于强烈的印象。为了能以轻松的心情记笔记，我一直在用蓝黑笔。**蓝色能给人留下比黑色柔和一些的印象**，蓝黑色比蓝色要深一些，复印时也不会变得模糊不清。

我在写企划书时也很注意区分使用不同的颜色。建议书一类需要边考虑对方的反应边完善内容的文本，文字部分我**不会选择黑色，而会选择深灰色**。这样，建议书的内容就会变得柔和一些，不会给人留下强加于人的印象。如果是彩色建议书，我还会用让人感觉温馨的强调色来配色。

上面讲了一些有关颜色的话题。言归正传，对于笔这种工具，我是通过交替使用粗细不同的两种笔来切换思维齿轮的。

整理术 71

用图解整理思维的技巧

既然提到适合图解的粗笔，我就顺便向大家介绍一下用图解整理思维的技巧。实际上，这种用图解拓宽思维的方法才是思维整理的重点和关键所在。

之所以这样说，是因为单单在大脑里思来想去，没有可视的直观形状，就无法得到要领。有时还会在无意识中陷入沉思，无法拓宽思维。

即使胡乱涂写也好，如果能将自己想到的东西画出来，就很容易归纳出你思考的内容。无论如何，都要先拿笔画一画。**通过可视的形状将你意识到的东西勾勒出来，思维才会开始转动，你才能看清思维的全貌。**

接下来向大家介绍一些立竿见影的图解方法。

● 组合对立概念

创建概念要从这里开始。比如思考"美"这个主题的同时要思考何谓"丑"，思考"瞬间之重要性"的同时要一并思考"长期之重要性"。拿后者来说，在《整理的艺术2》一书中，我将这两个概念组合成"瞬间与一生"这样一个关键词，作为时间管理术的理念来使用。

我在最近举办的学习会上还引进了"突触（Synapse）与莎草纸(Papyrus)"这样一组对立的概念。突触学习会，就是以邀请讲师的研讨会形式开展的学习会。所谓突触，是指作为脑神经细胞的神经元之间相互接触的部位，我们将它作为知识的链接、人际关系的链接来定义。莎草纸是指古埃及的纸张，我们采用它的部分含义，将它定义为以阅读形式开展的学习会。通过使用"突触与莎草纸"这组对立概念，能使人们想到**"能获得人际关系的学习"**和**"基于阅读的学习"**这两种理念。

这样组合对立概念后，要进行说明时也能轻松地表达。我在看书时，也经常碰到为了便于理解而组合对立概念的情况。要向他人表达想法，组合对立概念的办法非常有效。

● 将概念分解为三个要素

接下来就是将刚刚归纳出来的概念**分解成三个部分并进行图解**，如此一来，概念的本质就更加清晰了。

比如基督教中的圣父、圣子、圣灵；日本自民党的三大要职——干事长、总务会长、政调会长；美国汽车"三巨头"——通用、福特、克莱斯勒，等等。**要理解某个概念，将其分为三个要素就容易了**。也就是说，这样就能整理思维了。

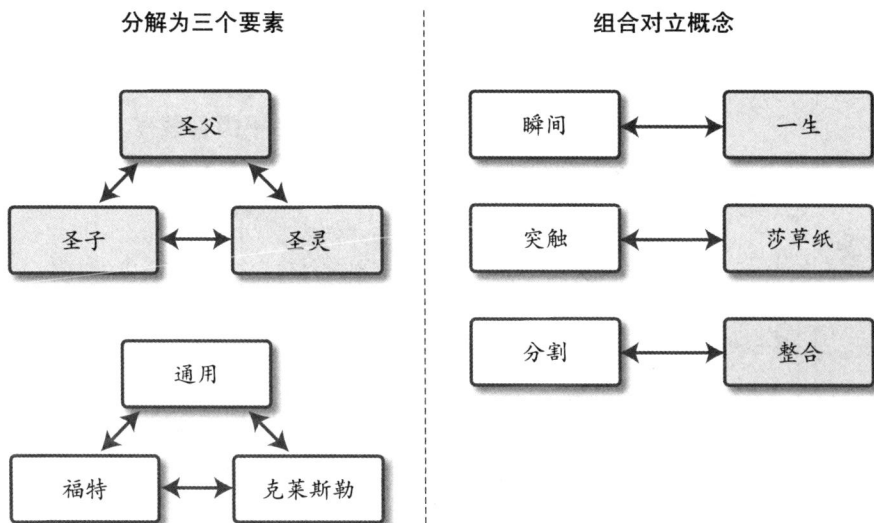

分解为三个要素	组合对立概念

```
分解为三个要素

        圣父
       ↗   ↖
      ↙     ↘
   圣子 ←→ 圣灵


        通用
       ↗   ↖
      ↙     ↘
   福特 ←→ 克莱斯勒
```

```
组合对立概念

  瞬间 ←→ 一生

  突触 ←→ 莎草纸

  分割 ←→ 整合
```

● 分为四象限定位

我们还可以通过 X 轴、Y 轴重新组合上面的对立概念，以组建四个象限。这是第三种图解术。

营销部门为了简明扼要地说明商品的定位，也会经常将该图解作为定位图使用。他们会先组合两个轴，然后按品牌分别定位认知方式。用两个轴分别表示消费者的认知方法（酷或可爱）和价格（贵或便宜）等内容，想办法使商品的定位更加明朗。

在经营战略上，有个叫产品项目平衡管理技术（PPM）的图非常有名。这是美国波士顿咨询集团研究出来的战略思考方法，以此确定要在产品与业务方面投入多少人力、物力和财力。确定战略方案一般需要经过非常复杂的考虑，PPM 则能用图解清晰呈现这些内容，用两个轴分别表示市场的成长性和市场份额。

只要看到具体的图解，就一定能了解图解的优点了。优点之一是**能发现漏洞**。拿定位图来说，它能让你发现空白的部分，并从中发现商机。

优点之二是**可以忽略无关的事情，简单地思考问题**。比如，按对立概念思考问题时，可以将与该对立概念无关的轴置于一旁，只简单考虑两个要素。如果是 PPM，虽然有多个业务评价轴，但缩减成两个轴，就能使人简单明了地看到各项业务与产品的位置所在。

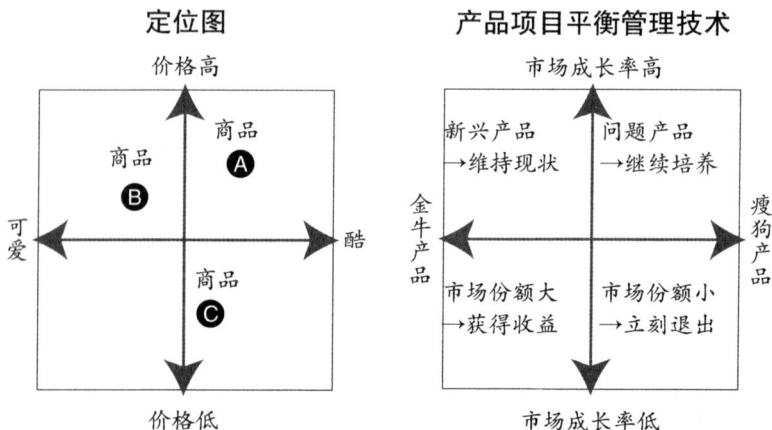

定位图	产品项目平衡管理技术

```
        价格高                        市场成长率高

          商品              新兴产品        问题产品
    商品    Ⓐ              →维持现状       →继续培养
  可   Ⓑ           酷    金                        瘦
  爱                     牛                        狗
                        产                        产
          商品          品    市场份额大     市场份额小   品
          Ⓒ                →获得收益      →立刻退出

        价格低                        市场成长率低
```

整理术 72

用空格强行拓宽思路

前文所说，图解的优点一是可以发现漏洞，二是可以忽略无关的事情。有一种整理术可以积极利用这种漏洞，即利用漏洞强行拓宽思路。

向大家推荐我在《整理的艺术 3》中介绍过的曼陀罗思考法，这是一个先在中间位置写上主体，再填满周围 8 个空格的思维工具。

给产品命名时，可以先把要命名的产品写在正中间，然后依次把能想到的名称一一写出来。试过一次你就会知道，最初的三四个写得比较顺利，越往后就越难写。但因为还有空格要填，你就会想"无论如何也要填完！"，所以无论如何你都能填满。最后你会发现最后想出来的点子，竟意外地隐藏着"哥伦布之蛋"[1]。这就是空格之力造就的"蛋"。

可不能小看空格之力。玩填字游戏、九宫数独游戏和数独这类智力游戏的人，我想很多都是情不自禁地想要填满那些空格。这就是空格的力量。

用前面介绍的三种图解方法也可以**制造空格，当构思工具来灵活运用**。可以空出对立概念的一个概念，思考"这里应该填什么？"；或将某个概念分解为三个要素，先画出三个空格，再思考"填什么才能说明概念？"，等等。这样，我们就能将图解变成构思工具了。

---

[1] "哥伦布之蛋"也叫"哥伦布竖蛋"。传说哥伦布发现新大陆后，在西班牙皇室为他举办的庆功宴上听到嫉妒他的人说发现新大陆不过是偶然的幸运，哥伦布于是问在座的人谁能将鸡蛋竖起来。大家想尽办法，却都没有成功。哥伦布将鸡蛋的一端磕破，轻易就将鸡蛋竖了起来，然后说："虽然是很简单的游戏，你们却没有一个人会做。知道怎么做以后，大家却都说太简单了！发现新大陆也是如此。"——编者注

曼陀罗思考法

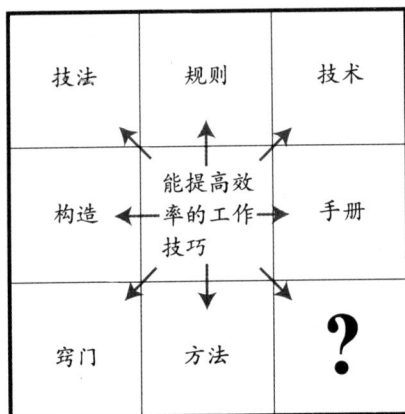

技法	规则	技术
构造	能提高效率的工作技巧	手册
窍门	方法	**?**

推荐使用这种强行拓宽思路的方法。

我想一定有很多人不善于思考，那就可以通过改变构思工具来加深思考。靠点子谋生的人会比较在意这个，因此会在这方面下工夫，总会琢磨该使用什么文具或如何组合电脑软件，等等。连专业人士都要这样下工夫，年轻人更应该下工夫改进工具了，这非常重要。

推荐使用这种强行拓宽思路的方法。

整理术 73

用思维导图将信息网络化

经过以上方法整理出来的思维，仍不是最终的完成品，还需要依据信息之间的关联（网络）进行整理，就是**将想法分成各式各样的信息块，再进行整理**。这听起来非常简单，其实是极难的思考术。

信息或密不可分或遥遥相隔，它们会以各种各样的方式互相关联。这些相互关联的信息块（组群）最终将成为"点子"。反过来讲，**要想出出色的点子，就要用网络将信息连接在一起**。

如果要构思一个新产品，就会发现这里有很多错综复杂的信息交织在一起。有用户的需求，有厂家的生产力、技术制约，竞争对手的动向、市场走向及时代变迁等等。少了其中一个信息，新产品的构思力度都会大打折扣。

不考虑技术制约，就会因"无法实现"而被踢出局；不关心竞争对手的动向，也许就会有人质疑"其他公司会不会早就将这种产品生产上市了？"这样的构思，就有些欠火候了。

要将已想好的点子升格为强有力的构思，就要将其中的**信息按组群这样一个信息块使用，而不要一个一个单独使用**。

要生成"点子"的信息组群，一般需要两个流程。一是**整理出尽可能多的信息**，二是**将整理出的信息相互联系起来**（即信息网络化）。

继续说构思新产品的例子，先列出"如何使用？"、"如何才能大卖？"、"怎样设计？"等大量信息，再思考怎样才能组合出最佳的效果，以此推

（1）分散的信息   （2）网络化的信息

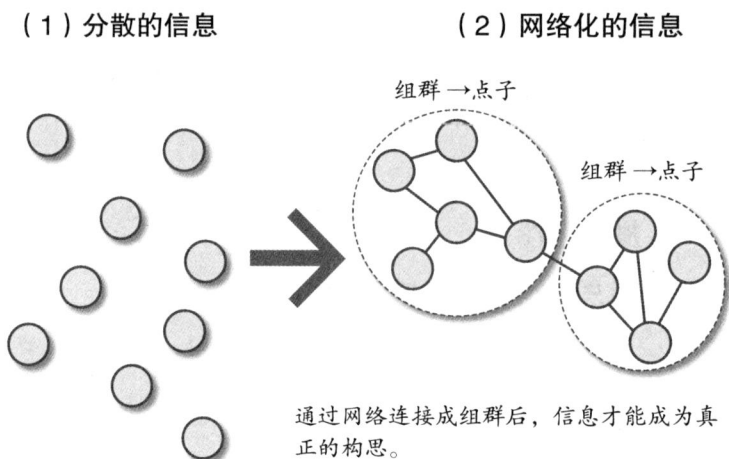

组群→点子

组群→点子

通过网络连接成组群后，信息才能成为真正的构思。

敲这些信息与"走俏产品"之间的关系。

这个例子也许有些抽象，下面向大家介绍一下具体的做法。比如，现在要准备写《整理的艺术》这本书，我们就要考虑这本书的具体企划该如何进行。

首先，我们将**所有能想到的整理术都一一列出来**。本书会向大家介绍89 个整理术，但在最开始时能想出 50 个左右就足够了。总之，要把所有能想到的都写出来。

接下来**对这 50 个信息进行分组**。看看哪些是"思维整理术"，哪些与"环境"有关，又有哪些与"整理周围环境"有关，把相关联的要素连接起来，分出群组。这个工作宛如用橡皮泥捏人偶，有时需要分块，有时则需要粘在一起。这之后形成的各个组群将是书的章节。虽然组群数量会因内容而异，但大体上能分成六七个组群。

接下来就开始**调整各个组群中整理术的数量**。不同组群有不同数量的整理术，有的多有的少，这时要通过增加新组群或整理现有组群的办法，使各组群的整理术数量大致相等。通过这一系列的调整，最终，拥有 89 个整理术的《整理的艺术》就正式出炉了。

重要的是，要在**一边组合或划分各个要素一边反复摸索与尝试的过程**

整理术

资料整理术
- 打印的纸质资料要毫不留情地废弃
- 用电子邮件共享、保管会议资料
- 文件按"项目名＋文件名＋制作日期"的格式来命名
- 用扫描仪将纸质文件变为电子文件
- 扫描书籍，制作电子书架
- 用 SugarSync 实现"无障碍办公"
- 随身携带纸质资料，实现终极"无障碍办公"
- 充实参考资料（Reference File），随时实现工作效率最大化
- 只要是文件就全部放入 Magic Briefcase
- 在目的地或便利店打印必要的资料
- 不关电脑电源，设为待机状态
- 用 Picasa 与他人共享文件
- 用 Eye-Fi 自动上传图片
- 重要的网页可以截图
- 分类使用 SD 卡，传递数据更高效
- 纸质资料装入透明文件夹，按时间顺序排列
- 用 100 日元的笔记本整理信息
- 集中数据、分散浏览场所

人际关系整理术
- 扔掉沉睡一年的名片
- 交换得来的名片要立刻写上交换日期
- 收到的名片要立刻扫描，以方便阅览
- 将名片读取软件当名片检索系统用
- 给见过面的人发送个性化的电子期刊
- 在突然想起时邮寄手写信件
- 为结识知名人士举办演讲会
- 用 Spysee 掌握他人的人际关系
- 制作富有个性的个人名片
- 宣布自己愿意做的事情，回避自己不愿意做的事情
- 给活动定主题，借此制造新闻
- 当中间人，向别人介绍朋友
- 链接人际关系与链接的快捷方式
- 用 POKEN 交换电子名片

思维整理术
- 将"不懂"的信息直接装入大脑，在无意识中进行整理
- 睡前输入，睡时工作
- 输出信息时，尽量集中精力做一件事
- 提高创造力的 ToDo 列表制作方法
- 统筹管理 ToDo 列表和邮件
- 在散步中整理思绪
- 用香精、干花等治愈系物品转换思维模式
- 换一支笔，换一种思维
- 用图解整理思维的技巧
- 用空格强行拓宽思路
- 用思维导图将信息网络化
- 用近义词拓宽思路
- 给群组命名，提高一个层面来整理信息
- 分割信息与整合信息

信息整理术
- 扔掉书本，提高信息吸收能力
- 写书评博客，制作数据库
- 加原创注释，将书籍变成信息数据库
- 制作杂志文章数据库
- 报纸只要记录数字和关键词
- 用 Technorati 和 "Hatena 书签" 搜集连上问都不知道的信息
- 用 RSS 阅读器自动收集信息
- 缩微插图，制作专属于自己的词典
- 将图书目录贴到笔记本上，制作图书数据库
- 用手机邮件和 Evernote 记笔记本笔记
- 增加 GPS 定位功能，收集整理信息
- 充分使用标签来整理信息
- 用 1.5 倍的放映速度看电视
- 用会议记录 Extreme Meetings，提高会议效率
- 群发邮件，使项目信息冗余化
- 按金字塔原理写邮件
- 管理时间轴与空间轴

生活整理术
- 灵活网购，简化生活
- 购买同种商品，免去挑选烦恼
- 一次大量囤积，将担忧扼杀在摇篮里
- 利用便利店代收快递服务，毫无顾忌地购物
- 在公司收取书籍快递，提高自己的声誉
- 拒绝第二次聚会的技巧
- 按穿着顺序整理衣服，消除早晨的烦恼
- 建立饮食模式，进行营养管理
- 打扫卫生，重振精神，提高专注力
- 创造家和公司以外的第三场所
- 将生活常规化，再制造一些惊喜

环境整理术
- 将小物品装入透明文件袋
- 准备好出差用品，自如应付紧急出差
- 充电全靠 USB 解决
- 实现一物多用
- 为笔记本电脑准备三个电源适配器
- 家里和办公室使用同样的键盘和鼠标
- 用 Firefox 的附加组件实现网页浏览器的个性化
- 用 Xmarks 瞬间复制电脑运行环境
- 将办公桌的右半边变成激发创造力的空间
- 通过固定纸巾盒与笔筒的位置来保持桌面井然有序
- 分隔抽屉，充分利用空间
- 将输入法语言栏放在电脑桌面顶端的中部
- 一机双屏，扩展工作领域
- 将办公桌面和电脑桌面都清理干净后再回家
- 统一、简化工作环境

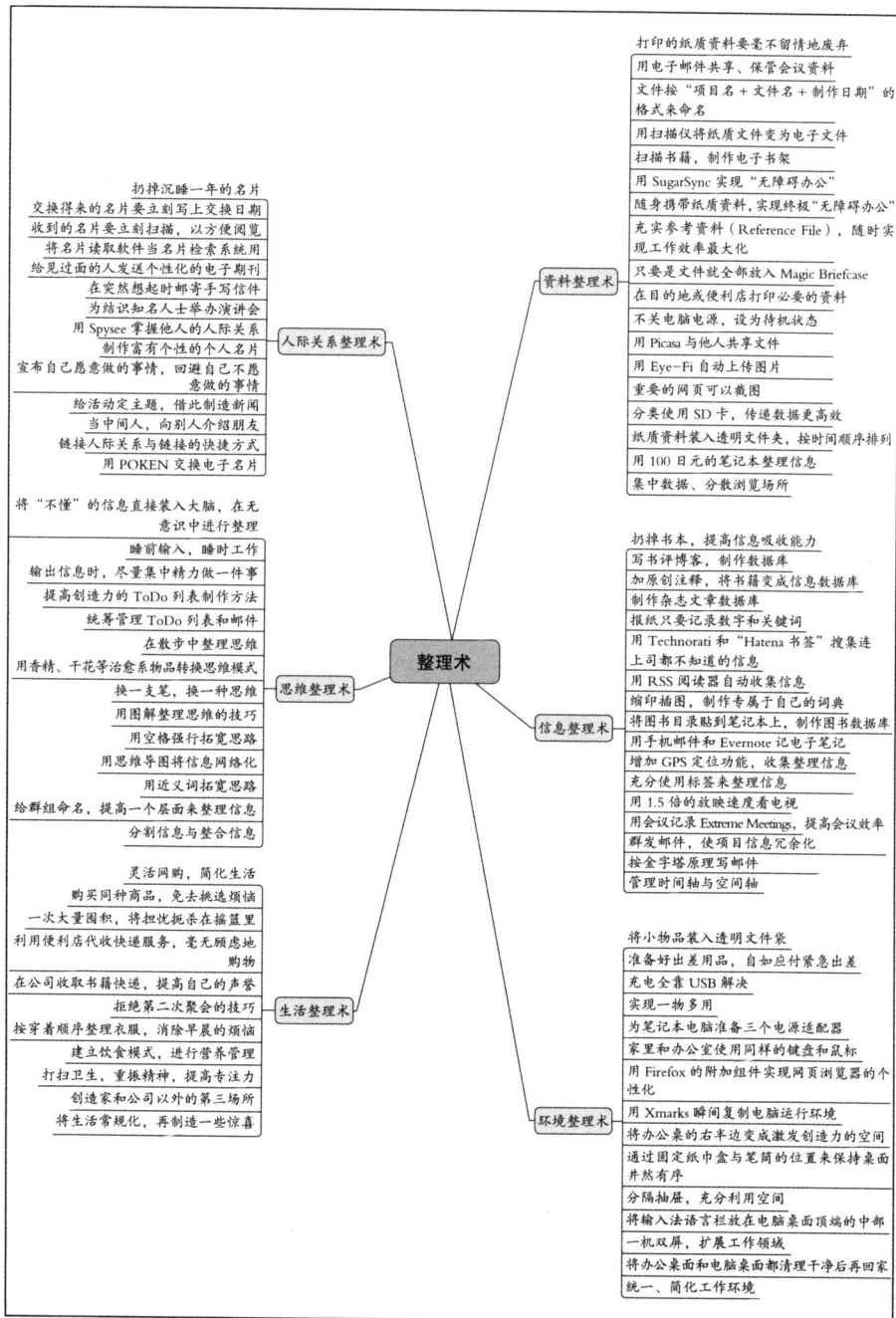

用思维导图整理出的《整理的艺术》项目一览表，可以看出大量的整理术非常均衡地分成了六大组群。正式动笔前，我会将所有项目整理出来。

中，逐步"找出"最终的竣工图。答案并非事先就有，而是将信息划归到各个网络，整理思绪后发现的。

平时我主要做策划新业务一类的工作，在创造新思维的过程中，答案并非一开始就摆在眼前。**即使在看不见答案的情况下，将消息按组群整理的思维方法也能为发掘答案发挥相当大的作用**。列出要素并连接各个要素，可以提高策划的准确度。

有效推进思维流程的工具，就是我在《整理的艺术3》中介绍过的思维导图。目前，我用思维管理软件 MindManager 整理并组合要素。该软件不仅对个人的思维整理有效，对团队内共享思维流程也非常有效。

再重申一下，这种思维流程在看不见答案的情况下也能发挥极强的作用，使我们重新看到希望，建议大家一定要尝试一下。

整理术 74

用近义词拓宽思路

信息网络化和组群化在词汇的世界也能发挥作用，那就是**近义词**。比如，"开心"的近义词就有舒畅、愉悦、欣喜、开怀、喜悦以及幸福等等。换句话说，近义词就是**词汇之间有亲属关系**。

我们可以利用词汇间的这种亲属关系拓宽思路。如果我们在考虑包涵"节约"这一理念的产品时，只盯住"节约"这一个词，就无法打开思路。这时可以想想近义词，能想到的有缩减、紧缩、压缩等多个词汇。如果从中选出"紧缩"这个词，将产品的理念重新诠释为"应对金融危机导致的财政紧缩的产品"，**就能重新推动停滞不前的思维，发现新的想法**。

检索近义词时，推荐大家使用网络近义词词典。近义词不仅能拓宽思路，对润色文章也非常有效。写网络日志时可以同时打开网络近义词词典，通过选词为日志润色。

将近义词词典**与前面介绍的曼陀罗思考法结合起来用，便能组合出一个某种程度上能自动推动思维的工具**。

整理术 75

给组群命名，提高一个层面来整理信息

前面介绍了信息网络化后分成若干组群，再进行整理的方法。这中间有个非常重要的工作，就是**"给组群命名"**。我们经常会小看这个工作，但这在整理思维的过程中非常重要。

我认为是代谢综合征的简称"富贵病"这一名称普及后，多数日本人才开始注意自己"是否有些肥胖"的。单凭中年、身体有些发福、成人病潜在人群等单个信息的力量，代谢综合征是无法变得如此脍炙人口的。但这些信息**被命名为"富贵病"后，很快就受到了人们的关注。**

从另一个角度看命名这件事，我们会发现它有将被命名的信息块与其他信息块区分开来的功能。通过命名，可以明晰信息块的轮廓，进而将之凸显出来。

命名是件非常深奥的工作，如果命名的对象是产品或服务，我们就称之为 Branding。而 Brand（品牌）一词来源于在饲养的牛身上烙上烙印，原本是用来区分他人和自己饲养的牛，以此划清所有权的界限。

可见，要给组群命名，就要站在高一层的视点重新审视它们。**就是站在信息所在层面之上，向下俯瞰它们。**

"俯瞰"做起来确实有一定的难度。平时我们很容易被眼前或身边发生的琐碎之事吸引，"俯瞰"时就要先放下这些微不足道的事情，站在一个抽象的层面上捕捉信息。

比如，作为一名公司员工，我们会很容易三三两两地泡在酒馆里，对公司抱怨个不停，相信多数人已经通过经验知道这么做无济于事。如果不能客观地审视这一不满要素的结合体，即不满组群，我们就无法找到突破口。我们不能只停留在员工的层面上，在那里只顾埋怨，而是要提高一个层面来重新思考问题。提高一个层面，有时是提高到"经营者的角度"的层面，有时是提高到"职业生涯规划"的角度。

即使是同一件事，思考的角度不同，得出的结论也有所不同。

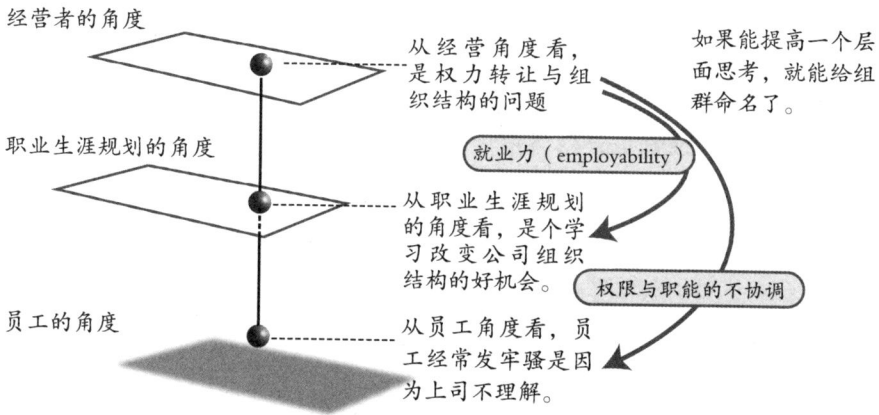

经营者的角度

从经营角度看，是权力转让与组织结构的问题

如果能提高一个层面思考，就能给组群命名了。

就业力（employability）

职业生涯规划的角度

从职业生涯规划的角度看，是个学习改变公司组织结构的好机会。

权限与职能的不协调

员工的角度

从员工角度看，员工经常发牢骚是因为上司不理解。

商业上的点子也一样，即使点子本身非常出色，如果不能从市场角度或公司角度等更高一层的层面进行审视，就很难将其变成现实。从这一点上，可以说**思维的分层能力是项目负责人、公司经营者必备的思考能力**。

整理术 76

分割信息与整合信息

说到底，**思维就是分割与整合信息的过程**。这一章，我向大家介绍了信息分割与整合的方法。

在"不懂"的状态下先直接将信息装入大脑，再慢慢酝酿点子。这个办法其实是依靠大脑的力量整合信息；其次是提高创造力的 ToDo 管理，要集中精力想出点子，就索性将乱七八糟的任务分割开来，先集中精力做当下最应该做的事；再就是图解，它是高度融合了在输出过程中分割那些被整合的信息之后再重新整合的双向思维功能的绝招。

综上所述，**如果你学会了分割、整合信息，思维就会变得明晰、畅通无阻。**开动脑子思考的同时如果注意思维流程，时刻注意"现在是分割信息还是整合信息？"，就一定能提高思考的质量。

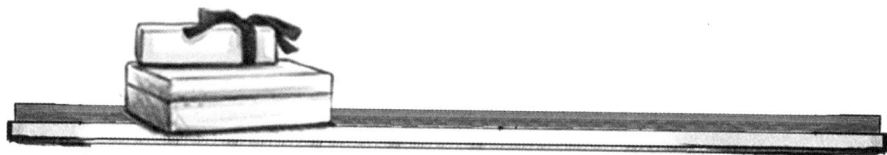

第六章　人际关系整理术

链接人际关系与链接的快捷方式

整理术 77

扔掉沉睡一年的名片

这一章介绍如何"整理"自己的人际关系。与整理物件或思维不同，整理人际关系听起来总会让人感觉有些势利。

让我们来看看第一个技巧——**扔掉沉睡一年的名片**。假设在一年前，我们曾与某些人交换过一次名片，之后的一年却没有任何来往。这样的话，以后与那些人来往的可能性就非常渺茫了。对于这样的名片，我们就要毫不留情地扔掉。

所谓人际关系，其实是"生鲜之物"，保质期非常短。连对方的长相都想不起来的人的名片其实早就过了保质期，即使保存着，也只会成为桌

定期扔掉名片的话，一个名片盒也就够用了。如果一直保存着没用的名片，寻找被埋没的有用名片所花费的时间也会更多。名片越少，找起来越方便。

案上的糟粕，不具有任何用处。此外，名片上的信息也会日渐过时，职衔未必是往日的职衔，办公地点也可能已经搬迁。保存这种丧失了时效性的信息，几乎没有意义。因此，我基本上会在每年大扫除的时候，拿出名片盒，扔掉大批此类的名片。

此举还有另一个重要的作用。如果这个人非常重要，你肯定会立刻与之取得联系，送上一些日常的问候或安排个会议什么的。**整理名片能让你随时提高警惕，努力保持人际关系的新鲜度**。面对保质期只有一年的名片，反思与对方的关系时，你就会痛感自身行动能力的不足，而这种自责要远胜过对方没有与你联系所带来的反思。你会自责"早点加深这层关系就好了"，并暗下决心"下次一定要再找个机会交换名片"。等到再次与其交换名片时，你就会决定"一定要跟他保持联系"。如果只是将名片一味地存放在名片盒里，就不会有这层反思了。

可见，作为整理的基本动作，"扔"对于名片整理也是很有效的。

交换得来的名片要立刻写上交换日期

交换得来的名片要立刻写上交换日期。仅这一个动作就可以将名片大体整理出来。这个日期不仅是"一年后扔掉"的依据，也是让你回忆在哪里与这个人交换名片的重要记录。

经常有人建议在名片上"写下见面地点"，对我而言，多数情况下没

使用日期章既整洁，工作起来又轻松，很容易变成一种习惯。

轻轻松松地在名片上盖下日期章。建议用红色的印泥，这样会非常醒目，日后查找起来也比较方便。

时间写得这么详细。尤其是一次见了很多人的情况下，依次在每张名片上写下聚会名称是件非常辛苦的事。并且，这类聚会上彼此交换名片后不再联系的情况也非常多。即使费劲记录了下来，也只是在浪费时间。

我是总结经验后才决定只在名片上记录时间的。并且，我用的是日期章，即使是在交换大量名片的第二天，也能用不到一分钟的时间就完成这一工作。如果日后要查"名片交换地点"，**按日期查看当日的日程，几乎都能准确无误地查到**。

反之，如果"想不起来在那次聚会上都见到了谁"，也可以根据日期查找名片。

整理术 79
收到的名片要立刻扫描，以方便阅览

　　即使扔掉了没用的名片，也还会有很多名片需要保存。名片不同于会议资料，不能拜托对方"回去后请用电子邮件将数据发送过来"。有电子邮件往来的话，可以在邮箱中记下对方的联系方式，但也有人发邮件时不署名，最终需要保存的名片还是很多。所以，可以说名片是整理的劲敌。

　　我曾针对这个问题反复研究，最终得出的结论是：**将名片转换成数据最为合适**。下面向大家介绍这一技巧。

　　首先，**交换名片后马上用扫描仪扫描**[1]。与文件管理办法相同，我用的是 ScanSnap[2]。按一般名片的大小，一次至少能扫描 20 张左右。这样，即使在交流会等场合交换了大量的名片，也能迅速转换成数据。

　　保存名片数据的文件夹要用 SugarSync 设定成自动与其他电脑同步。这样，就不会出现"因为名片放在公司，所以找不到联系方式"的窘境。

　　办公室电脑如果与 iPhone 和 iPod touch 同步，出门在外就也能查看名片了。动动手指点开文件，就能清清楚楚地查到地址和电话，这种数据访问的高便利性也是我推崇数据化管理的理由之一。

　　由于可以随时随地查找所有名片，"不知道联系方式，该如何是好？"的不安也就随之消散了。**简单的一个扫描，就能让你获得这种安心感**。

---

[1] 扫描最好是在盖日期章之前进行。如果之后扫描，就会降低文字识别的精确度。
[2] 参阅整理术 04 "用扫描仪将纸质文件变为电子文件"。

即使按缩略图方式显示，根据名片的设计风格也能凭感觉猜出哪张是要找的名片。

可以在 iPhone 里查阅不同的文件夹。

名片放大显示后的效果，连小字也能看得清清楚楚。

整理术 80

将名片读取软件当名片检索系统用

前面讲的名片管理方法也存在一个缺点，就是不便于检索。由于名片是以图像文件形式保存下来的，所以无法进行文字检索。

当然，如果按五十音[1]的顺序管理名片文件夹，就可以用五十音进行检索。但也只能检索姓名，无法检索公司名称。如果要将所有文件夹一一打开来查找，就无效率可言了。

在这里向大家推荐**名片读取软件**。扫描后的名片图像文件经名片读取软件读取，就能顺利进行检索了。

ScanSnap 也自带这种软件，但由于读取的正确率比较低，我另外买了一款叫"轻轻松松名片文档化"的软件来用。这款软件能自动将读取到的姓名和公司名称录成文字，是一种非常高效的名片扫描软件。

虽然这款软件的正确率相当高，但还是会出现读取错误。有时地址会出现细微的错误，有时电子邮件地址不能正确地保存。如果手动修改这些错误，则需要费一番周折，所以也有人认为"读取软件用起来超麻烦的"。的确，如果让我检查并修改这些错误，我也会觉得厌烦，这样一来也就一点都不像高效整理术了。

但最终，我还是下定决心用它了。**用的时候不把它当作精准的数据库，**

---

[1] 五十音，又称五十音图，是将日语的假名（平假名、片假名）以元音、子音为分类依据排列出来的一个图表。——编者注

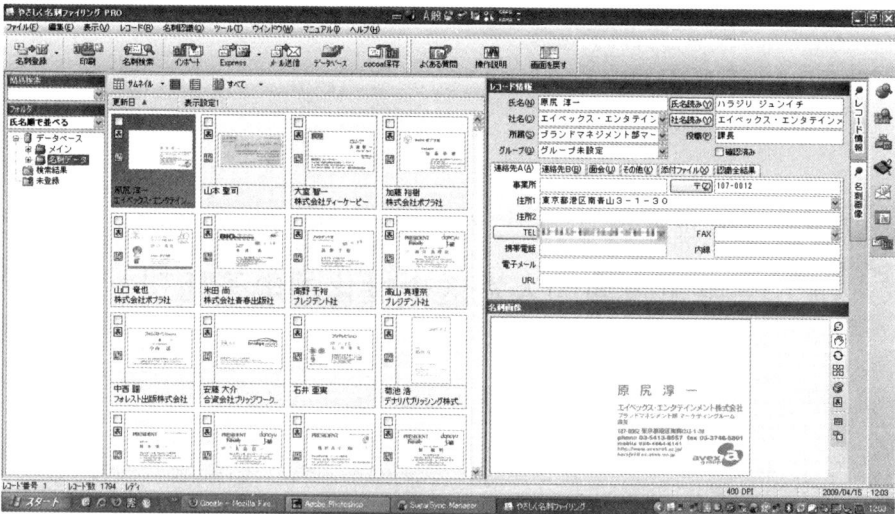

用"轻轻松松名片文档化"名片读取软件读取的画面。作为检索工具使用，出现一些读取错误也不是什么大问题，检索起来既快捷又方便。

而作为检索名片的工具。由于名片上的公司名称和个人姓名字体比较大，出错的可能性也很小，因此，我们可以把它当作用公司名称和姓名进行检索的名片检索系统，充分发挥它的作用。基于这种考虑，我不去修改那些错误，而是将就着用。

整理术 81

给见过面的人发送个性化的电子期刊

我在前面提到过不用名片读取软件制作数据库。想构建一个数据库，就要检查录入的数据是否正确，有时还要升级，这都需要花费很多的时间。关键在于你要判断这个工作成果是否值得我们花费这么多的精力和时间，也就是性价比。

从性价比角度看，值得推荐的是电子邮件地址的数据库化。部门名称、职衔和地址等信息都有可能会变，电子邮件地址则相对比较固定。而且，直接从收到的邮件里复制粘贴该邮件的地址，还可以减少录入错误。因此，电子邮件地址数据库制作起来相对容易一些。

电子邮件地址数据库也相当有用，**可以作为广告宣传的工具灵活运用**，通过电子邮件地址数据库给一些人发送广告宣传邮件。不同于传统的普通纸质广告杂志，这种做法既节省印刷费用和邮资，还能随时轻松地发送出去，能持续向特定人群发送信息。

这里说的"特定人群"是广告宣传活动的关键。这种活动不像以往的电子期刊，不是面对"非特定人群"的。我们知道我们要发送给谁，因此可以说"特定"，又要同时发送给很多人，因此可以说"人群"。**很多时候，正因为对方是特定的，广告宣传的内容才更有针对性，更好下笔。**

所谓"非特定人群"，就是很多受众我们根本不认识，面对他们，能说的内容自然很有限。收件人如果不了解发件人的性格和脾性，发生误会的可能性也特别大。这样一来，每次发送邮件都会变得神经紧张。

一次发送大批量的电子邮件，有时会被当成垃圾邮件，用上图中的电子期刊发送是避免这种情况的一个办法。

"MAGUMAGU"等过去的电子期刊最终就变成了这种向"非特定人群"发送信息的邮件。但通过构建自己的电子邮件地址数据库，就能确保只把邮件发送给曾经见过面的"特定人群"[1]。

正因为曾经见过面，发送轻率的电子邮件会让人误以为是推销，也不是件好事。因此我们还需要养成一种好习惯，保证邮件内容的针对性。不同的邮件发给不同人群，做到有的放矢[2]。

顺便说一下，我发送电子期刊时使用的是 combzmail 网站，每月收费2300 日元，还附带了很多功能。

---

[1] 我也面向读者中的"特定人群"发送电子期刊，感兴趣的话可以登陆看一看，网址是 http://www.ryu2republic.jp/。
[2] 日本《个人信息保护法》并没有将个人发送的私人电子邮件列为对象，即便如此，我们仍要注意不进行推销等活动。

整理术 82

在突然想起时邮寄手写信件

　　向特定的多数人发送广告邮件的同时，针对特定的少数人寄去手写的信件也非常有效。送上简单的问候或表达谢意，或在赠送书刊时附上一笔，**用手写书信的方式传递信息会让人心情舒畅。**

　　出版社编辑寄来的信件让我注意到了这一点。要打造出一本优秀的书籍，编辑与作者之间彼此信赖不可或缺。为了建立以信赖为基础的关系，有些编辑至今还坚持用手写信件传递信息。由于现在普遍都用电子邮件，在生意场上几乎不会有突然收到手写信件的事情，所以手写信件反而更具新鲜感。

　　受此启发，我也买来便笺信纸，在需要向某人表达谢意时寄简短的手写信件，没想到对方好像也非常吃惊，还表扬道："你太牛了！"。如此一来，双方的心情也变得愉悦了。

　　贺年卡一类例行问候的信件很容易被埋没在大量其他信件里，但这种在意想不到的时候收到的信件，效果会增加数倍。如果是表达谢意的信件，其心意也将深深打动对方。

　　我使用的是**短册型便笺信纸**。这种信纸不能写太多的字，但这样写出来的内容就必然是精而短的，在咖啡店或餐厅等待服务员上菜的间隙里也能轻轻松松地写完一封信。而为了能够马上寄出写好的信件，我还会**随身携带信封和 80 日元的邮票。**

　　我并没有因为手写信件的效率低而全部改用电子邮件。但既然要特意

手写信件，就要选在最佳时机寄出，这就是上升到生活黑客级别的观念性
转变。

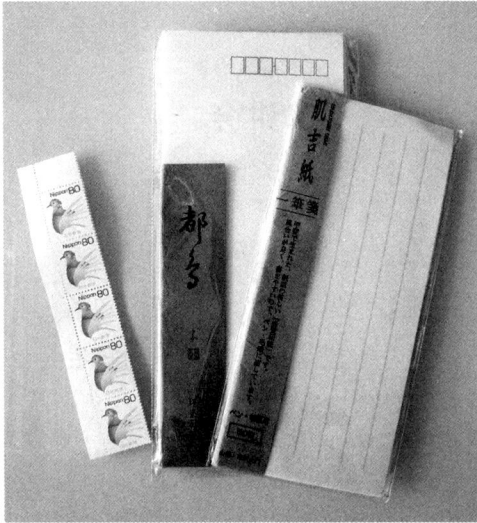

只要有便笺信纸、信封和 80 日元的邮票，随时都能写信。关键是要时常准备着，以便随时都能动笔并寄出。

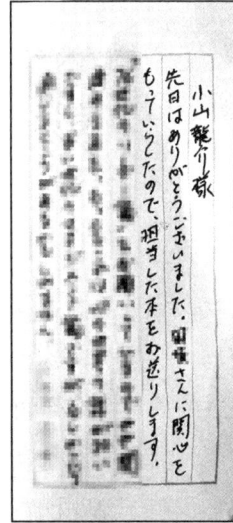

出版社寄来的信件。通过这种手写的文字，我们能感知对方的诚意。

整理术 83

为结识知名人士举办演讲会

谈及人际关系，大家讨论的主要话题是"希望能结识知名人士"，这需要技巧。这里向大家介绍一个技巧，就是**邀请想结识的知名人士，参加自己举办的演讲会或研讨会**。其实我也是通过举办演讲会，结识了很多人。下面就用我自己的例子向大家展示一下举办研讨会的效果。

起初我在一家叫松竹的公司工作，当时我以"松竹集团公司年轻职员"的名义召集了不少人，在松竹公司的会议室以"年轻职员学习会"为主题，邀请讲师做演讲。举办这类演讲会的关键，在于要召集到好的听众才能邀请到好的讲师。

实际操作的结果是，"年轻职员"这个关键词的效果非常显著，确实让演讲者感到"值得一讲"。除此之外，我邀请讲师时会明确"我们要学什么"，比如邀请讲师"鼓舞激励容易走保守路线的年轻职员"，或"讲讲在难以确立职业蓝图的时期如何勾画职业蓝图"，以及"就高尚的企业理念与丰富的企业文化的重要性进行演讲"等等。基于希望能不断拓展知识与人际关系的主旨，我给这个系列演讲会起名叫"松竹 SYNAPSE"[1]。

"松竹 SYNAPSE"现在已走出松竹公司，发展成为在六本木大楼内的六本木 Library 举办的"六本木 Library·SYNAPSE"。演讲会邀请的讲

---

[1] SYNAPSE 的中文意思为"突触"，是两个神经元相接触的部位，也是信息传递的关键部位。——编者注

アカデミーヒルズ 六本木ライブラリー

SYNAPSE

ライブラリートーク

"人をつなぎ知をつないでいく"シリーズ「六本木ライブラリー・シナプス」

第2回 なぜ2人は起業したのか

ライブラリーメンバーであり、「STUDY HACKS!」などHACKシリーズの著者である小山龍介氏に
ファシリテーターを務めていただき、新しい思考やネットワークを作る目的のもと、毎回30代の
旬なゲストをお招きする"人をつなぎ知をつないでいく"シリーズ「六本木ライブラリー・シナプス」。
第2回は、株式会社エニグモ代表取締役共同最高経営責任者の須田将啓氏にお話を伺います。
エニグモは須田氏と田中禎人氏が共同代表で創業した会社です。なぜお2人は起業に至った
のか? その経緯や起業して5年経った今の想いをお話いただきます。

日 時	**2009年3月11日(水)19:15〜20:45** ※ライブラリートーク終了後、30分程度のハッピーアワーを開催します。
場 所	**アカデミーヒルズ「オーディトリアム」** 六本木ヒルズ森タワー 49階
スピーカー	**須田 将啓** [株式会社 エニグモ代表取締役共同最高経営責任者]
ファシリテーター	**小山 龍介** [株式会社 ビジネスブラグイン代表取締役] [六本木ライブラリーメンバー]

每个月在六本木 Library 举办的系
列演讲会 SYNAPSE，每次都会
邀请著名人士演讲和对话。

师阵容也变得更加豪华了。我们邀请过网页设计公司"有趣法人"KAYAC
的代表柳泽大辅先生、咨询公司 ENIGMO 的须田将启先生以及日本
LIFENET（生命网）生命保险株式会社的岩濑大辅先生等，这些嘉宾都是
我非常希望能当面求教的人士。

　　这不仅能提高演讲会的档次，还能树立我作为会议执行者的口碑。此
外，再使用广告电子邮件把演讲会信息进一步向外宣传。如此一来，还产
生了一个附加效应：**作为信息发送人员，我也得到了很高的评价。**

　　所以，通过搭建一个演讲平台，你可以创造与知名人士见面的机会。
同时，你搭建的这个平台也能提高别人对你的评价。

整理术 84

用 Spysee[1] 掌握他人的人际关系

拉近与他人关系的最好办法是找一个共同的熟人。从"原来您也认识那个人"开始切入，很多时候气氛就会立刻变得融洽起来。

虽然如此，如果不好好交谈，你也很难了解对方都认识哪些人。如果事先就知道对方和哪些人有来往，那就轻松多了。现在就有这种让你美梦成真的好东西，就是 Spysee。

这个平台是利用网络上的信息，归纳总结出与目标人物有关联和有联系的人。由于参考的只是网络上的信息，所以也有不足，有时搜索出来的人并非都是目标人物认识的人。尽管如此，这个平台仍有很高的参考价值。

与目标人物见面前用 Spysee 快速搜索一下，看看自己是否跟对方有共同认识的人和共同话题，只要这样做一点准备，就能很大程度上缓解初次见面的紧张气氛。

---

[1] 日本的一个互动社交平台。——编者注

搜索出来的人并非都是目标人物认识的人，但基本上都与目标人物关联比较紧密。此外，通过平台上的"关联成分"，我们还能了解目标人物及其涉足的行业。

整理术 85

制作富有个性的个人名片

　　随着公司以外交际活动的增多，用公司印制的名片有时会觉得不合时宜。一旦决定制作自己的专属个人名片，你就得开始考虑以前从不在意的事情，比如职衔。在公司制作名片时，职衔是固定的。制作个人名片时你就会开始烦恼应该怎么定职衔，这种烦恼其实非常重要。

　　像我最近几年就增加了很多可以算作职衔的头衔：

- 新业务策划人
- 经贸图书作家
- 生活黑客共创式教练 [1]
- ISIS 编辑学校助教、代理教师
- MBA
- "赫曼全脑模型"推进者
- "六本木 Library・SYNAPSE"演讲会主办者

　　重新审视，我们会发现职衔很像围棋。围棋在序盘战斗开局定式时，棋手一般会尽量确保拥有更多的目数以放置棋子，也就是说，这一阶段会选择能保有多个选项的下法。职衔也是同理，**在 40 岁之前从序盘到中盘**

---

[1] 原文为 Life-hacker・Co-Active Coaching。——编者注

的战斗中，重要的是要尽量拥有多个选择余地，这样一来，40 岁以后你就可以有很多种下法来完成这局棋了。

所以，考虑选择何种职衔，本身就是构建个人品牌形象的一个非常重要的思考过程。

顺便提一下，我制作个人名片时用的是 IBOS 服务。这是日本一种非常好用的网络服务，不需要特殊软件，只要通过互联网就能设计名片并发出印刷订单。

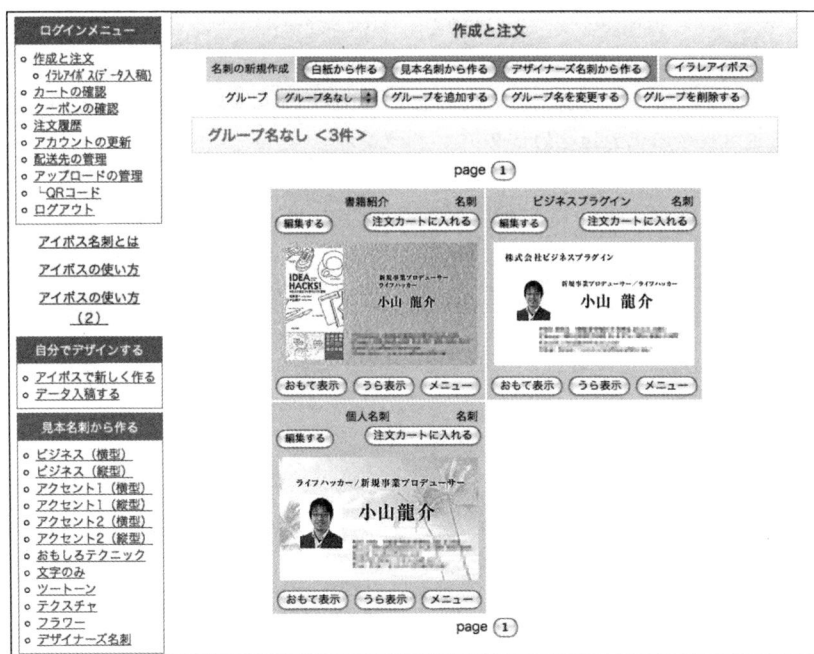

这是一种可以通过互联网设计制作并管理名片的服务。我用这种服务设计了多种风格的名片，用在不同场合。交货也非常及时，所以我很推崇。

我还会在名片背面印上职衔无法传递的信息、简单的履历、已出版的书籍及其连载情况等，通过这种方式，我可以向他人传达公司名片所不能传达的信息，这样一来自我介绍就轻松了许多。

也许有人"没那么多职衔"，但要知道信息整理术中介绍过的书评博主[1]就是一个非常了不起的职衔，此外，学习会主办者也是一个非常不错的职衔。

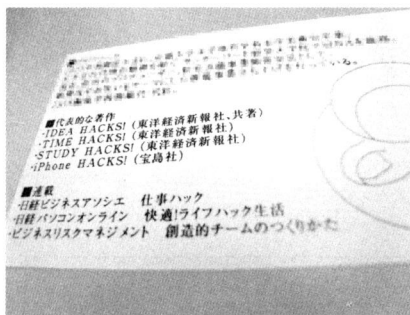

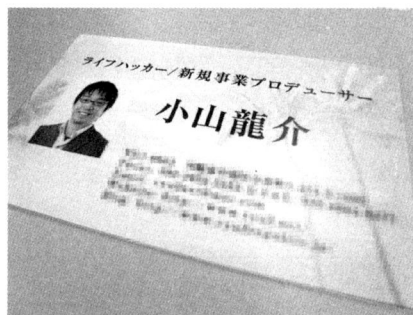

我在自己的个人名片上印了所有的职衔，名片背面还印上简单的履历和网址信息，以此向对方传达自我介绍未能传达的信息。

---

[1] 参考整理术 35 "写书评博客，制作数据库"。

整理术 86

宣布自己愿意做的事情，回避自己不愿意做的事情

在制作个人名片的过程中整理自己的职衔还有另一个好处，就是能**发现"自己愿意做的事情"和不愿意做的事情**。

比如，"新业务策划人"这一职衔在向别人说明你正致力于策划新业务这样一个自己"愿意做的事情"的同时，还意味着你宣布自己"不愿意做"那些常规的事务性工作。在不断追加职衔的过程中，其实你**宣布了自己愿意做的事情，同时也宣布了自己不愿意做的事情**。

这样一来一定有人会说："人在职场，哪能说出这种任性的话。"但这只是表达方式的不同而已。那些积极面对自己愿意做的事情的人，总会得到"干劲十足"的好评价，同时还能回避自己不愿意做的事情。从这个意义上讲，面对我们不愿意做的事情，就要先埋好伏笔，向外宣称"我愿意做某某事情"，这一点非常重要。

传递出去的不仅仅是你不愿意做的事情，由于价值观与志向也能传递给对方，这会使你更容易遇见志同道合的人，同时还能避免与不投缘的人接触。

拿我自己来说，我对 ISIS 编辑学校和能发挥培训特长的教育事业非常感兴趣，所以将这些信息连同自制的个人名片一起传递给对方，就很容易发展成"那么，我给您介绍某人认识认识吧。"所以，这么做不仅能帮你扩展人际关系，并且像介绍工作一样，不会有人向你介绍与你志向不合的人。

综上所述，**自制个人名片时，职衔的方向性越是明确，就越能帮你回避你不愿意做的事情，也可以避免与不投缘的人接触，**这样工作会变得更顺手、更愉快。

进一步说，所谓整理工作和整理人际关系，其实很大程度上取决于你向外发出的"我是一个什么样的人"的信息。针对这一点，下一个绝招非常有效。

整理术 87

给活动定主题，借此制造新闻

　　无论博客还是电子期刊，如果想把它们作为广告宣传使用，就要给它们注入题材，但我们的日常生活中并非随处都有题材。那该怎么办呢？其实我们**只要积极制造新闻就可以了**。

　　比如去旅行。如果只是普通的旅行，也许只能沦为诸如"本人到某地一游"这类用于贺年卡的题材。但只要给此次旅行定个有意义的主题，结果便会截然不同。我们假定此次旅行的主题是访问飞速发展中的某个海外城市，那么我们就能找到写旅行日志的切入点。此外，追寻自己喜欢的历史故事，寻访历史古城也是非常有趣的事情。如果想来一次现在流行的灵魂之旅，寻访养生景点也是不错的选择。**只要设定主题，原本普普通通的一次旅游也能变成一个新闻**。

　　读书也是同理。写书评博客的人非常之多，但如果给评论的书籍设定一个主题，你的博客立马就能呈现出新闻性，可以搜罗恋爱小说，或者对比荣获文学奖提名奖的作品，抑或比较与次贷问题有关联的书本等等。同理，给阅读设定主题，你的读后感也会成为真正值得一读的东西。

　　一旦读者增加，就可以**尝试去采访名人**。如果电子期刊的阅读人数增多，其广告效果也就随之凸显了，也更方便你对名人发出采访申请。这样一来，与受访者见面本身就会成为一则新闻，而采访内容则是很好的新闻内容。采访时最好先设定主题，这比盲目采访更容易吸引读者。发出采访申请时如果能明确说明"我想请您谈谈有关某个主题的内容"，对方也更容易接受。

这个主题当然最好能与你的职衔和志向吻合，这样，这则新闻就能进一步彰显你的过人之处。

整理术 88

当中间人，向别人介绍朋友

扩展人际关系的技巧与增加资金的技巧在某些地方非常相似。钱会往多的地方集中，存的钱越多存款利率就会相对高一些，投资的选择余地也会多起来。人际关系也一样，**人际关系会集中到掌握很多人际关系的人身上**。因为这类人容易使人觉得"面子广，认识一下一定有好处"，人际关系就自然而然地拓展了[1]。

也许有人会想自己一个人独享人际关系资源。所谓"面子广"只是一个相对的评价，如果真把自己手中的人际关系拱手相送，岂不是给敌人提供了大大的方便吗。一些人总认为最好自己一个人独占人际关系，这样才更有利于拓展人际关系。

但经验告诉我们，**越是毫不吝惜地将自己的人际关系与他人共享的人，其人际关系越会不断扩展**。这是因为，"如果认识他，通过他还能认识其他人"这样一个不争的事实会成为别人结识你的动力。因此，真正面子广的人在慈善活动中为他人搭线的同时，自己也能从中获益，并不断扩展自己的人际关系。

要实现这一积极的人际关系螺旋效应，我们也应该将自己的朋友介绍给更多的人，共享人际关系资源，而不是一人独占，这一点非常重要。

---

[1] 这在网络理论中叫做"贵族主义网络"。贵族拥有的人际关系网络有较强的排他性，如果无法进入那个网络，就无法建立人际关系。

整理术 89

链接人际关系与链接的快捷方式

　　链接人际关系，这一行为如同在网络上设定友情链接。网络刚刚普及时，通过观察一个网站有哪些链接，就能大体推测出该网站主人的人际关系与价值观。实际上，这一点至今也没有改变。但现在推测一个人的人际关系与价值观，不是通过他在自己网站上的链接，而是看他的网络收藏夹，比如现在流行的网络书签服务（我的最爱）。

　　增加的链接越多，该网页的性质就体现得越发清晰。这就如同制作个人名片，增加的职衔越多，这个人的人品就表现得越发明显。网络的妙趣在于，即使网站自身没有发生任何变化，也会从友情链接的关联性上呈现出这个网站不同层次的内涵。人际关系是最具代表性的例子，能力相当的两个人，有很广的人际关系的那个，其评价也会明显较高。所以，"人际关系比个人能力更重要"这一极端结论其实有一定的道理。

　　但正如我们在本章介绍的，关键问题在于"怎样搭建起这样的人际关系"。前面给大家介绍了很多对策，比如构建电子邮件地址数据库，以广告邮件的形式增强与他人的联系，或用手写信件打动对方，或通过举办演讲会结识有能力的人，等等。这类链接是不同于普通链接的**快捷方式，类似能找到与对方建立密切关系的捷径的链接**。从生活整理术的角度出发，重要的是不仅要有确实的链接，必要时还要用这种快捷方式有效地扩展人际关系。

　　希望大家好好运用链接与快捷方式这两个要素，整理已有人际关系，并进一步扩展新的人际关系。

用 POKEN 交换电子名片

现在除了 mixi、GREE[1] 等 SNS（社交网络服务）外，更有微博网络服务，大家利用各种类型的网络服务互相访问网址的机会越来越多。交换名片时，也经常会遇到在名片背面写网址而非手机号码的情况。

如果网络服务账号只有一两个，还能写在名片上。一旦多了，写在名片上就比较麻烦。况且，手写的话还可能写错，这就无形中给你增加了压力。

电子名片 POKEN 是解决这一问题的救星。这个工具乍一看酷似某种玩具，里面其实存放着你的网址信息，**只要将两个 POKEN 的手掌轻轻相对就能相互交换信息。** 信息交换成功，掌心部分就会微微发光，我们通常把这种 POKEN 对掌叫做"击掌"。

由于 POKEN 里存放着很多网址信息，因此可以一次性地将你的电子

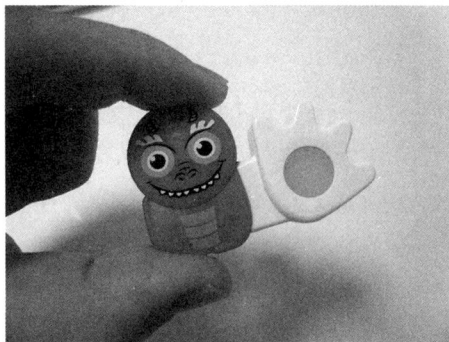

乍一看就像一个玩具钥匙链，其实是电子名片。POKEN 有很多种卡通造型，可以找一款最适合自己的。我的名字中有"龙介"二字，所以选择了小恐龙的造型。

---

[1] 两者都是日本著名的社交网站。——编者注

邮件以及 mixi、GREE、Ameda[1]、Flickr、Picasa、Skype 等的账号传给对方。

看了上面的介绍，一定会有人担心一旦 POKEN 丢失，会不会泄露个人信息。实际上，信息本身并没有保存在 POKEN 内，而是保存在 POKEN 的网络服务器上，所以不用担心。主页如果没有 ID 和密码是无法登录的，因此即使 POKEN 丢失，也不必担心个人信息会泄露。

无论如何，能将信息整理之后进行交换，是件非常方便的事情。之前我们相互交换每一个网上账号，都得彼此询问："你在某某服务器上有账号吗？"有了 POKEN，我们只要"击一下掌"就可以了。

虽然现在没有太多的人使用，但伴随个人网络信息的不断增多，今后这类电子名片的活动舞台肯定会不断扩大。

个人的网址信息可以直接在网上编辑，并保存到网络服务器上。

---

[1] 日本的一个博客网站。——编者注

新しいフレンド (3)

フレンドを保存する際にこれらのタグをつける

May 20, 2009 4:19:40 PM

Keep

Discard

May 20, 2009 4:16:02 PM

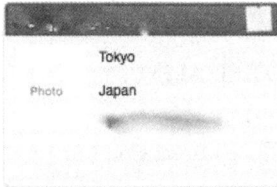

Tokyo

Photo   Japan

Keep

Discard

May 20, 2009 4:16:01 PM

Keep

Discard

"击掌"后对方的信息就会自动保存到你的 POKEN 网站内。

图书在版编目（CIP）数据

整理的艺术 /（日）小山龙介著；阿修菌译 . -- 南昌：江西人民出版社，2019.5

ISBN 978-7-210-11097-2

Ⅰ.①整… Ⅱ.①小… ②阿… Ⅲ.①整理—方法

Ⅳ.①B026

中国版本图书馆CIP数据核字(2019)第010129号

SEIRI HACKS! by Ryusuke Koyama

Copyright © 2009 by Ryusuke Koyama

All rights reserved.

Original Japanese edition published by TOYO KEIZAI INC.

Chinese simplified character translation rights arranged with TOYO KEIZAI INC.

Through Shinwon Agency Beijing Representative Office, Beijing.

Chinese simplified character translation rights © 2019 Ginkgo（Beijing）Book Co., Ltd

本书中文简体版权归属于银杏树下（北京）有限责任公司

版权登记号：14-2019-0014

整理的艺术

作者：[日] 小山龙介　　译者：阿修菌

责任编辑：冯雪松　韦祖建　特约编辑：罗炎秀　王　顿　筹划出版：银杏树下

出版统筹：吴兴元　营销推广：ONEBOOK　装帧制造：墨白空间

出版发行：江西人民出版社　印刷：北京天宇万达印刷有限公司

889 毫米 × 1194 毫米　1/16　13.5 印张　字数 120 千字

2019 年 5 月第 1 版　2019 年 5 月第 1 次印刷

ISBN 978-7-210-11097-2

定价：38.00 元

赣版权登字 -01-2019-5

后浪出版咨询(北京)有限责任公司 常年法律顾问：北京大成律师事务所
周天晖 copyright@hinabook.com

未经许可，不得以任何方式复制或抄袭本书部分或全部内容
版权所有，侵权必究
如有质量问题，请寄回印厂调换。联系电话：010-64010019